Nicolai Ludwig

STRAFBAR

Kriminalfälle,
angelehnt an tatsächliche Geschehnisse

SPICA

VERLAG GMBH

www.spica-verlag.de

Autor: Nicolai Ludwig
Für den Inhalt des Werkes zeichnet der Autor selbst verantwortlich.
Die Handlung und deren Personen spielen in Anlehnung an tatsächliche Gescheh-
nisse. Ähnlichkeiten mit lebenden Personen wären zufällig und unbeabsichtigt.

Gesamtherstellung: Spica Verlag GmbH

Printed in Europe
ISBN 978-3-98503-003-3

Inhalt

Der Fall Walter W.

Auf Höhe des Seebades Dietrichshagen stellte ich im Küstenwald mein Fahrrad auf den Ständer, trat an die Kante des Kliffs, schaute die Küstenlinie entlang in Richtung Warnemünde. Die See lag wie Seide. Zwischen dem grünen und roten Turm der Molenfeuer stieg die Sonne, wärmte mein Gesicht. Voraus lagen zwei Frachter auf Reede. Nach Westen hin konnte ich das nahe Kap in seinen Schattenfahnen erahnen. Unter mir landeten Wellen lautlos. Die Nacht, mit ihrem Landwind, hatte ihnen die Kraft genommen. Stille.

Mein Bike trug mich den Radweg entlang der Küste, über jenes Kap hinaus, auf dessen Name Geinitzort nichts hinwies. Jede Umdrehung der Pedale förderte die alte Geschichte hervor, als wäre sie erst gestern passiert.

Anna. In Berlin hatte sie Kunstgeschichte studiert. In den Semesterferien wollte sie nach Hause an die Ostsee fahren, auf dem Radfernweg Berlin–Kopenhagen. Allein, denn Anna musste über die Beziehung zu ihrem Freund nachdenken. Nach ihrer Abfahrt vom Zeltplatz in Krakow am See hatte sie sich nicht mehr bei den Eltern gemeldet, wie sie das täglich übers Handy tat. Auch am nächsten Tag nicht. Am folgenden wurden die schlimmsten Befürchtungen Gewissheit. Eine Gruppe Radwanderer hielt zu ihrer ersten Tagesrast an der Schutzhütte bei Groß Breesen. Sofort wurde sie von Schmeißfliegen umschwirrt. Deshalb wollte die Truppe schon weiter, aber einer bestand auf seiner Notdurft. Dabei trat er fast auf die Person, die hinter der Hütte mit dem Gesicht auf dem Waldboden lag. In der nächsten Stunde war die erweiterte Rostocker Mordkommission aufgerufen worden und versammelte sich im Beratungsraum der Kriminalpolizeiinspektion in der Ulmenstraße.

Auf dem Küstenradweg hinter Heiligendamm, wo die Linie des Ufers flacher lief, der Buchenwald bis an den Strand reichte, plätscherte ein Bach über den Sand ins Meer. Hier florierte seit einigen Jahren eine Waldbar. Ich stieg ab, schloss mein Rad an, betrat die Bohlen der Terrasse. Der breite Rücken, darüber die Form des kahl geschorenen Schädels, dieser Typ, der gerade von einem der Tische aufbrach, war mir vertraut. Ich trat auf ihn zu.

„Dschinni, Team Sieben Partner, was treibst du hier?"

Fast zwei Meter richteten sich vor mir auf. Muskelpakete umfingen mich.

„Mensch, Matthias!" Sein Lachen kam tief aus der Brust. „Hier ist die Wendemarke meiner Laufstrecke."

Er wohnte noch immer in Börgerende.

„Ich muss los, sonst werde ich kalt. Wir sehen uns."

Dschinni, hmm … alle nannten ihn nur so. Seinen Spitznamen hatte er mitgebracht. Oder war er ihm vorausgeeilt, der Vergleich mit dem Geist aus der Flasche? Maik, fiel mir sein Vorname wieder ein, klang aber auch zu mickrig für ihn. Er und ich hatten eines der Ermittlungsteams gebildet in dem Fall, der noch in meinen Gedanken lag. Erst einige Monate davor hatte er seinen Abschied in der Beweissicherungs- und Festnahmeeinheit (BFE) genommen, nachdem seine Bewerbung auf eine freie Kommissarsplanstelle bei der Kripo durch war.

Zufall, dass wir uns hier trafen. Nicht aber, in mir schüttelte ich den Kopf, dass ich hier einkehrte.

Am Tresen bestellte ich ein Alster und setzte mich auf der Holzterrasse an den Tisch, der am dichtesten zur Uferböschung stand. Strandrosen wuchsen zwischen geschichteten großen Findlingen. Wie vom Deck eines Schiffes schaute ich auf das Meer. Meine Gedanken blieben in Annas Geschichte.

In der Tat, als sie gefunden wurde waren schon die ersten Totenfliegen aus den Eiern in der Halswunde geschlüpft. Im

Obduktionsbericht hatte gestanden: ein fachgerecht ausgeführter Entbluteschnitt.

Anna war die zweite junge Frau innerhalb eines Monats, die auf diese Weise umgebracht worden war. Nach Lübeck hin, in dem Waldgebiet an der ehemaligen innerdeutschen Grenze hatte ein Jäger zwei Wochen zuvor die Leiche einer dreiundzwanzigjährigen Joggerin aus Schlutup entdeckt. Sie lag auf einem der alten Postenwege. Deshalb bestand von Anfang an der Verdacht, beide Morde gehörten zusammen.

In den Medien schlugen die Wellen hoch. Ein Boulevardblatt titelte: „Killer lauert in Mecklenburgs Wäldern." In dem Fall der Schweriner Kollegen konnte schnell Haftbefehl gegen einen W. aus Schönberg erlassen werden. Die Kriminaltechniker hatten an tatrelevanten Stellen ein männliches DNA-Profil gesichert, „das mit an Sicherheit grenzender Wahrscheinlichkeit vom Täter stammt", wie es in ihrem Untersuchungsprotokoll hieß. Seit einem Raub lag der gelernte Schlachter W. mit seinem Muster in der Datenbank ein. Der Abgleich lieferte seinen Namen.

Ermittlungen in einem Mordfall unterlagen einer kriminalistischen Besonderheit. Sie bezogen in der Regel das gesamte Umfeld des Opfers ein. Das war Routine, da statistisch 70 bis 80 % der Fälle letzten Endes in diesem Rahmen aufgeklärt werden. Die Richtung unserer ersten Nachforschungen hatten die vorhandenen Informationen durch die Eltern bestimmt.

Annas Freund. Kommilitonen wussten, dass er in die Heimat nach Lissabon abgereist sei. Die Fluglinie TAP Portugal hatte die Abflugzeit von Schönefeld bestätigt. Sie lag eine Stunde vor Annas Weiterfahrt vom Zeltplatz in Krakow am See. Dort, und an der Uni, ergaben sich keine Hinweise.

Ein roter Kreis war auf der großen Karte an der Wand des Beratungsraumes um den Fundort gezogen worden. „Wenn notwendig, werden wir den täglich um weitere fünf Kilometer erweitern", hatte Eckehard die Einweisung beendet. Dschinni kümmerte sich um ein Auto, ich um die Unterlagen unseres Auftrages. Im Treppenflur trafen wir uns wieder.

„Nur der Transporter der Wirtschaftsabteilung war übrig." Er klang fast beleidigt.

Im Hof gingen wir zweimal um den VW T4 herum. Schmutzig wirkte sein stumpf gewordenes Weiß. Dschinni verzog das Gesicht.

„Einige Jahre hat der schon auf der Uhr." Er schloss die Fahrertür auf, stieg ein und startete den Motor. Das friedliche Tuckern des Diesels versöhnte seine Miene.

Es war bereits früher Nachmittag. Die Sonne brannte erbarmungslos vom blanken Himmel. Fast liebten wir nun die Farbe unseres Untersatzes, als wir die anderen Teams in ihren dunklen Karossen schwitzen sahen.

Das letzte Anwesen in Alt Sammit lag außerhalb. Am Hoftor prangte auf einem Schild: „Hier hat der Dackel das Sagen." Die Klingel ersetzte eine Glocke. Dschinni läutete.

„Hallo, ist jemand zu Hause?"

Gänseschnattern. Die Antwort kam vom Hof. Ich nickte Richtung Haustür, „ein Schlüsselbund steckt", und klinkte die Pforte.

„Was ist mit dem Hund?"

„Vielleicht gab es den mal. Jetzt sind das die Gänse." Ich ging auf die Haustür zu, klopfte.

Dann folgte ich dem Feldsteinpflaster um das Haus. Dschinni hielt sich dicht an meinen Fersen. Vom Stall her kam das Quietschen einer Karre. Dann stand sie fast vor uns, voll beladen mit Mist, obenauf eine Forke, griffbereit, die Bäuerin in Gummistiefeln dahinter.

„Wat gifft dat, de Herren?" Ihr Ton zeigte Misstrauen. Ich schätzte sie auf siebzig.

„Gauden Dach, entschulligen Se öwer …" (Guten Tag, entschuldigen Sie aber …)

Sie setzte die Karre ab, ihre Haltung entspannte sich. Dschinni hatte seine Dienstmarke aus der Tasche gezogen und hielt sie ihr mit langem Arm hin: „Mordkommission."

„Ahn Brill kann ik dat nich läsen."

„Wi sünd ut Rostock."

„Kam Se man", nickte sie, ließ die Karre stehen und wies uns mit der Bewegung ihrer Arme vorauszugehen.

So scheuchte sie wohl ihr Geflügel. Fehlte nur noch das Huschhusch.

Vor der Haustür galt ihr prüfender Blick unserem Auto.

Ich blieb stehen, lächelte sie an: „Öwerst de Schlöttel laten Se stäken." (Aber den Schlüssel lassen Sie stecken.)

„Kam Se in't Hus", (Kommen Sie ins Haus) schob sie mich mit Blicken voran, „över de Schauh in de Veranda ut trecken; moegen se Ierdbeertorte?" (aber die Schuhe in der Veranda auszuziehen; mögen Sie Erdbeertorte?)

„Oh, välen Dank, över bitte keene Ümstänn uns wägen." (Oh, vielen Dank, aber bitte keine Umstände unseretwegen.)

„Hüt morgen heff ik de Kauken ganz frisch backt. Ick wullt sowurso Kaffe mocken. De arme Dirn." (Heute Morgen habe ich den Kuchen ganz frisch gebacken. Ich wollte sowieso Kaffee machen. Das arme Mädchen.)

Ein großes Stück Torte mit Sahne, Dschinni legte sie gleich zwei auf den Teller, und eine Tasse Kaffee, soviel Zeit musste sein.

„Ok mit mine achtzig führ ik noch Fohrrad."

Dann beschrieb sie uns einen Radfahrer, der an der Wegkreuzung nach Reimershagen mit einer jungen Frau sprach: „De wieren beid nich von hier. Dat Rad von de Dirn hett gräun utseihn un ehre Bluse gäl." (Die waren beide nicht von hier. Das Rad von dem Mädchen hat grün ausgesehen und ihre Bluse gelb.)

Die Beschreibung passte auf Anna. Unmerklich nickte ich zu Dschinni. Er entnahm unseren Unterlagen ein Foto und legte es neben die geblümte Kaffeetasse der Bäuerin, auf den mit einer weißen Spitzendecke gedeckten Tisch.

„Jo, dat is de jung Fru."

Sie beschrieb den Radfahrer. Ich schaute zu Dschinni, schüttelte leicht den Kopf. „Välen Dank, ünnerschrieben Se bitte noch ehre Utsag." (Vielen Dank, unterschreiben Sie bitte noch Ihre Aussage.) Ich erhob mich, gab ihr die Hand: „Ok för de Torte, sihr licker." (Auch für die Torte, sehr lecker.)

Schon im Gehen: „Wi schicken Sei noch de Kollegen, de moken een Phantombild."

„Ich wollte nicht, dass wir ihr das Bild von W. zeigen. Das könnte ihre Erinnerung an den Radfahrer beeinflussen."

„Schon klar. Die Beschreibung könnte auf W. passen." Dschinni legte mir aufgekratzt seine Pranke auf die Schulter. „Abwarten."

Ich schaute in die Karte: „Von der Kreuzung sind es tatsächlich nur wenige Kilometer zum Auffindeort."

Am nächsten Morgen lag das Phantombild in meiner Hand. Ich hielt die Kopie erst dicht, dann weiter weg, gab sie Dschinni.

„Mit viel gutem Willen, nein, du hast recht, das ist nicht W."

Nach der Erstellung hatte der Erkennungsdienst ihr Fotos vorgelegt. Neben dem Täterlichtbild des W. weitere fünf mit ähnlichen Gesichtsmerkmalen. Sie erkannte darauf keine Person.

„Wieder stehen wir am Anfang."

„Nicht ganz, Partner."

„Aber wen suchen wir mit dem Phantom? Den Täter, Mittäter, einen Zeugen?"

Bei unseren Ermittlungen von Haus zu Haus fragten wir damit nach dem wichtigen Zeugen, dem Anna wahrscheinlich als Letztem vor ihrem Täter begegnet war. Dabei auf den Mörder zu treffen – darauf mussten wir gefasst sein.

Wir hatten die Öffentlichkeitsfahndung eingeschaltet. Annas Foto und das Phantombild prangten in jeder Zeitung des Landes auf Seite eins. Der NDR mit seinem Programm „Mein

Nachmittag" und die Nachrichten der Landesprogramme berichteten ausführlich.

Eckehard, eine gefühlte Ewigkeit war der schon Chef der Rostocker Mordkommission, hatte die Idee, Die Johanniter, ihr Rettungshundeteam in Stralsund, um Hilfe zu bitten. Trotz oder gerade wegen der schweren Sommergewitter, die am Tag von Annas Abfahrt in Krakow am See über der Region niedergegangen waren. – Eine letzte Chance, nicht ertrunkene Spuren zu finden.

Labradorhündin Ella, ein speziell ausgebildeter Personensuchhund, ein sogenannter Maintrailer, konnte vermisste Personen aufspüren. Bei der Aufgabenstellung in unserem Fall sollte sie sich ausschließlich an den Geruchsmerkmalen von W. orientieren. Ein Geruchsträger mit seinem Individualgeruch wurde am Auffindeort von Anna gestartet. Die Hündin lief einen Kreis von etwa zehn Metern und blieb stehen.

In der Morgenberatung war das negative Ergebnis verkündet worden.

„Schiete, Dschinni, nur Indizien, aber die sind zu schwach, um eine haltbare Kette daraus zu schmieden."

„Also nicht ein Gramm Beweis für die Morde?"

„Vielleicht haben wir alle etwas übersehen. Wir brauchen den zweiten Blick."

Dschinni zählte an den Fingern ab: „Er tötet in beiden Fällen auf dieselbe Weise; macht keine Anstalten, sein Opfer nach der Tat zu verbergen; einer, der so tötet, ist Jäger, nein Fleischer, wie W.; die Tatwaffe fehlt; die Joggerin wurde post mortem vergewaltigt, Anna nicht, das heißt doch nur, W. wurde gestört."

„Aufgrund des DNA-Beweises ist nur sicher, dass er der Vergewaltiger ist."

„Matthias, den Ausdruck in den Gesichtern der Mädchen auf den Tatortfotos, sanft, friedlich, fast lächelnd, der muss sie mit seinem Angriff überrascht haben, auf dem Schlachthof lernt man, so zu töten."

„Mich beschäftigt etwas anderes. Ist das der Anfang einer Serie, oder setzt sich eine fort, von der wir noch nichts ahnen? Bleiben die Taten unaufgeklärt wie eine wachsende Zahl an Morden, auch in unserem Bundesland?

Und da bin ich bei meinem Lieblingsaufreger Nummer zwei: Jeder zweite Mord bleibt in Deutschland unentdeckt. Gerichtsmediziner klären komplizierte Fälle auf, Kintopp. Kennst du das geflügelte Kriminalistenwort? *Wenn auf jedem Grab, in dem das Opfer eines unentdeckten Verbrechens liegt, ein Licht brennen würde, wären die Friedhöfe nachts hell erleuchtet.*"

„Das kannte ich nicht. Aber woran liegt das?"

„Was stellt die Weichen für die weitere kriminalistische Behandlung eines Toten?"

„Na, ich denke bei der Leichenschau erfolgt die Einschätzung, ist der Tod natürlich eingetreten, war es ein Unfall, Suizid oder liegt eine Straftat vor. Wenn der Arzt Anhaltspunkte für einen nichtnatürlichen Tod findet oder aufgrund der Gesamtumstände die Todesart als ungeklärt ansieht, muss er die Polizei benachrichtigen."

„Genau. Daraus folgt im Umkehrschluss, dass der Leichnam bei Bescheinigung einer natürlichen Todesursache ohne weitere Umstände bestattet werden kann. Die hässliche Seite dieser Medaille kommt jetzt. Ursache für viele falsche Diagnosen, also die fehlerhafte Feststellung des Todes, ist eine unzureichende Leichenschau. Sie resultiert oft von einer diffusen Gemengelage aus Zeitdruck, Desinteresse, falsch verstandenem Pietätsgefühl gegenüber den Angehörigen und ärztlichem Selbstverständnis, der Arzt als Helfer. Dazu kommt sehr oft die mangelnde fachliche Befähigung. Jeder Arzt, gleich welcher Fachrichtung, ist zur Leichenschau und Ausstellung des Totenscheines berechtigt. Rechtsmedizinisches Wissen ist nicht erforderlich. Wie sieht damit der Alltag der Leichenschau in Deutschland aus? Selten werden Tote untersucht."

„Ich lese inzwischen Kriminalstatistiken als geschönte Krankenberichte unseres gesellschaftlichen Alltags."

„Der war gut, Dschinni."

„Nummer zwei, was ist die Eins deiner Aufreger?"

„In unserem Land gibt es noch eine echte Kriminalpolizei, andere haben ihre zugunsten des angeblich kostengünstigeren ‚Einheitspolizisten' zerschlagen. Dabei erkannte man in Deutschland schon vor zweihundert Jahren, dass ein Zweig der Polizei gebraucht wird, der sich speziell mit der Verfolgung von Straftaten und ihrer Verhütung beschäftigt. Was lernen wir aus der Geschichte? Dass wir nichts gelernt haben. Aber schau dich um, Dschinni, auch bei uns schrumpft der Anteil an Kriminalisten am Gesamtpersonal der Polizei. Hoffnungslos überaltert und ohne kriminalistische Ausbildung junger Kräfte, wie bei dir, schmilzt ihr Fachverstand mit jedem Jahr."

Eckehards Eröffnung der nächsten Lagebesprechung begann mit einer guten Nachricht.

„Das Fragment der gesicherten Schuheindruckspur stimmt mit dem Profil der Turnschuhe überein, die bei der Durchsuchung seiner Wohnung gefunden wurden. Mit Glück gehört die anhaftende Erde an den Tatort."

Die Radwandergruppe hatte den Bereich des Tatortes gründlich zertrampelt. Trotzdem gelang es den Kriminaltechnikern, eine Spur zu separieren, die sich nur in einer Zeit starken Niederschlages so tief eingedrückt haben konnte. Deren Sicherung nahmen sie, nicht wie bei minder schweren Straftaten üblich, ausschließlich fotografisch und als ausgegossene Spur vor, sondern mit dem Erdreich, in das sie getreten worden war. Mord blieb eben Mord.

Wo hielt sich W. auf? Am Morgen schwärmten die Ermittlerteams aus. Am Abend tippten sie ihre Notizen zu Protokollen.

Jeden Stein sollten sie im Leben von W. umdrehen, nach Hinweisen auf Bezugspersonen, einen Mittäter.

Aus dem Protokoll der Schweriner Kollegen über die Befragung seiner Nachbarn wussten wir, W. lebte allein in der vormals mütterlichen Wohnung. Besuche? Fehlanzeige. Tagelang sei er mit dem Rad unterwegs.

„In einer Kleinstadt wie Schönberg weiß jeder von jedem, und wer weiß alles, Dschinni?"

„Der Friseur."

Die Besitzerin des Friseurgeschäftes am Markt sah uns an der Nase an, woher wir kamen.

„Keiner hatte ihm den Raub zugetraut. Und jetzt Mord? Die arme Frau, immer wollte sie es dem Jungen schön machen und dem Suffkopp, ihrem Alten. Geprügelt soll er auch haben, redet man. Der starb, als der Junge die Lehre begann, auf dem Schlachthof in Schwerin. Den Jungen hatte sie mitgebracht in die Ehe. Sie war eine kleine, kränkelnde Frau. Hat ihn geliebt. Aber sie konnte es ihm nie so recht zeigen. Zu Tode hat sie sich gegrämt und geschämt, als der im Knast saß, wenn Sie mich fragen. Das Rad ist neu. War wohl noch was übrig vom Erbe, reden die Leute. Eine Freundin, nein, das wüsste ich."

Die Dame vom Amt prüfte: „Verwandte sind nicht bekannt."

„Und was spricht man so?"

„Nach der Schlachterlehre übernahm ihn die Firma nicht. Dann Gefängnis, wegen dem Überfall, der war ja in aller Munde. Anschließend arbeitslos."

Seine ehemalige Klassenlehrerin bezeichnete W. als typischen Einzelgänger.

Im Büro schrieben wir das Dossier zusammen.

„Partner, frag doch mal unsere PVC-Kameradin, was wir zu W. in den Akten haben."

„Weshalb: ,-in'?"

„Na, ist Computer männlich oder weiblich?"

„Männlich."

„Falsch. Du wirst ihn nie verstehen. Also weiblich."

„Einverstanden. Ich lese: Er saß zu dem Raub in Tateinheit mit Gefährlicher Körperverletzung ein. Im Bahnhofstunnel in Güstrow hat er einer älteren Dame die Handtasche entrissen. Als die sich wehrt, stößt er sie die Treppe runter. Zeugen filmen mit dem Handy die Polizei auf seine Fährte. Die erste schwere Tat."

„Die man ihm nachweisen konnte, Dschinni."

„Laut Kriminalakte: Er kam schon als Kind mit dem Gesetz in Konflikt. Ladendiebstahl, Fahrrad- und Mopeddieb. Seine Aussage als Vierzehnjähriger ist interessant: ‚Damit organisiere ich mir das, was mir meine Mutter nicht kaufen kann.'"

„Die klassische Frage: Wann lohnt sich Kriminalität und wann nicht? Oder anders gesagt: Ein jeder hat seinen Preis. Insofern ist sein krimineller Weg eine Kosten-Nutzen-Analyse, wie jeder logisch Denkende sie auch bei legalen Handlungen anstellt. Tritt Erfolg ein und fehlt die Wahl zur Erreichung des Zieles, wächst die Wahrscheinlichkeit, dieses Verhalten zu wiederholen."

„Du meinst, unbewusst verinnerlichen wir alle diese Technik und das Motiv."

„Ich denke ja. Unsere Handlungen sind oft von Abwägungen der Alternativen bestimmt. Veränderte Faktoren, z. B. eine Partnerschaft, andere Arbeit, Arbeitslosigkeit, können in die eine Richtung führen, in die Kriminalität, oder in die andere, also aus der Straffälligkeit heraus. Niemand wird ja als Krimineller geboren."

„Über seinen Stiefvater steht hier ‚Bauhilfsmaurer'. W. hatte von den negativen Einflüssen früh reichlich. Zerrüttete Familienverhältnisse, fehlende Nestwärme, der Mangel an Bezugspersonen, dazu Prügel eines Mannes, den er nicht als seinen Vater anerkannte. Ich frage mich: Gibt es eine Verschwisterung von Kriminalität und dem Status der materiellen Benachteiligung von Randgruppen? "

„Das ist eine gute Frage, aber Dschinni, lass uns noch mal zurück zu dem zweiten Blick auf die Fälle gehen. Mir gefällt die allgemeine Annahme nicht, dass ein Täter wie W. sein Tatwerkzeug in eines der nahen Gewässer geworfen haben könnte. Was ist seine Erfahrung mit Dingen, die nicht mehr gebraucht werden? Sie sind Abfall. Vielleicht von zu Hause, aber sicher aus dem Schlachthof weiß er, der wird verbrannt, vernichtet. Aus Erfahrung entsteht automatisiertes Handeln. Ich sage, die Mülltonne."

„In welcher willst du suchen, in welchem Müllberg, wenn der nicht schon durch den Schornstein ist?"

„Und da kennt W. sich eben nicht aus. An den Förderbändern der Müllbetriebe sorgen Metalldetektoren dafür, dass Eisenmaterialien aus dem Müll getrennt werden. Wertstoffe werden sogar handsortiert. Standen in Alt Sammit vor einigen Grundstücken nicht Tonnen am Straßenrand?"

„Ja, auch in den anderen Dörfern, durch die wir kamen, gelbe."

„Dann ist das in der ganzen Gegend so. Erst schwarz dann blau und gelb. Komm."

Wir rannten über den Flur und die Treppe in die eine Etage höher, pusteten vor Eckehards Zimmer einmal durch. Ich klopfte. Von drinnen kam: „Herein."

Dann ging alles sehr schnell. Tatsächlich wurde beim zuständigen Abfallentsorger im Auffangbehälter des Magnetabscheiders eines Förderbandes ein Schlachtermesser aufgefunden. Die Kollegen im Kriminaltechnische Institut des LKA legten eine Nachtschicht ein.

„Volltreffer", verkündete Eckehard am Morgen, „am Griff des Messers wurden die Fingerabdrücke von W. gesichert. Die DNA an der Klinge konnte beiden Opfern zugeordnet werden. Die Blutspur auf der Kleidung der Opfer ist nun auch geklärt. W. hat das Messer daran abgewischt."

In der Strandbar räumte ich meinen Platz auf der Terrasse. Ich stieg die wenigen Stufen hinunter auf den Strand. Einige zehn

Meter ging ich nach Kühlungsborn hin, dort wo die Nackten lagen.

In dem Sommer hatte ich mich hier nach diesem Fall strandhungrig in den Sand gestreckt.

Eine Welle klatschte an Land. Der Seewind hatte eingesetzt, kühlte mir die Stirn.

Die BFE hatte W. in Schönberg festgenommen. Raubkatzengleich schlugen diese Spezialkräfte zu. Unausrechenbar für jeden Täter.

Protokoll einer Ermittlung

Die Tram ratterte mich durch die Lichter der Stadt. Zurück in ihr anderes Ende. Von dem war ich herrgottsfrüh aufgebrochen, vor der Dämmerung, ohne ihre Elemente der Morgenfarben und erwachenden Düfte. – Noch umklammerten die kalten Mächte das frühe Jahr.

„Shore alarm" aus meinem Handy. Senkrecht hatte ich im Bett gesessen. Ich musste es glauben, 05:00 Uhr, meine Zeit an Werktagen aufzustehen.

Sofort hoch, das konnte ich schon immer, wenn es sein musste. Noch einmal umdrehen, da kannte ich mich, dann wäre diese Energie dahin.

Die Schale mit selbst zusammengestelltem Müsli aus Haferflocken und Trockenfrüchten fix mit Milch aufgefüllt, das Kernstück meines morgendlichen Rituals konnte beginnen.

In Jahren gewachsen, hatte es mir gerade an solchen Düsternistagen gnurrpöttrige, sauertöpfige Starts erspart. Kosteten mich die Bewegungsübungen aus der traditionellen chinesischen Medizin inzwischen eine dreiviertel Stunde, so war, mit dem Wohlgefühl, über mein Befinden selbst zu bestimmen, diese Handlung zu einem festen Weg gediehen. Wem sollte ich außer mir diese Verantwortung übertragen? Ich wollte nicht als „Alter Sack" vermeintlich wohlverdient satt mit ärztlicher Verschreibung zurückgelehnt in bequemliche Gleichgültigkeit treiben …

Wellen klatschen, rauschen – flüstern, murmeln lockend
draußen brüllen Brecher: Inventarverwalter!
Salziger Atem füllt mich an, frischer Wind das Segel setzt …

Bei solchem Sinnen am Meer schlug dieses nach Stillstandsstaub schmeckende Wort mir das Buch seiner Richtung auf. Jede Seite trug nur den einen Satz: Grab meiner Seelenkraft! Selbstverliebt-heit, Stolz oder jener Perfektionismus, den das Leben stutzte, sein verbliebenes Feld? Ein Tick, sicher. Erst kürzlich, an der Seite meiner Mutter, auf ihrem Weg der vorletzten Dinge, erfuhr ich die Entwürdigung, ausgeliefert zu sein, als Bittsteller für Selbst-verständlichkeiten an das eigene Fleisch und Blut. Jeden Zustand von Abhängigkeit wollte ich für mich so weit hinausschieben können. Ja, ich bin ein Wolkenschieber. Doch Realist zugleich. In diesen Punkt meines Friedens setzte ich den Beginn der Übungsabfolge. Jede Zeit danach war getimt. Rasieren und Bro-teschmieren hatte ich längst in den Abend davor verlagert. Also zwanzig Minuten für Frühstück, Toilette und Takeln.

Die brauchte ich, um in die Tiefen der vor mir liegenden Stunden zu loten, justierte so meinen inneren Kompass.

Schnürschuhe und die Winterkledaasch angezogen, drei Minuten zur Straßenbahn, blieben mir zwei, als Lose für Eventualitäten, bis sie mit mir quer durch de Stadt karjolte. Hinten rechts, der einzelne Doppelsitz, dat's mien sien, meiner einer. An der ersten Haltestelle der Strecke machte mir den zu dieser Uhrzeit keiner streitig. Mit dem Rucksack auf den Knien legte ich das Brillen-etui auf dem schmalen Fenstersims ab. Die Kollegmappe wurde zum Pult für mein Vokabelheft. Ein Blick auf den Schaukas-ten der städtischen Werbung in der Haltestelle erinnerte mich daran, dass ich wegen der Eis-am-Stiel-Werbung „Temptation" begonnen hatte, meine Englischkenntnisse auf Vordermann zu bringen.

Kriminalbereitschaft war heute mein Tun, intern Stalldienst genannt. Der Mann, im Haus die Stellung zu halten. Für alle Fälle, bei denen sofort Handlungsbedarf bestand.

Gleich mit dem Betreten meines Elfquadratmeter-Normbüros fühlte ich die Ahnung. Ein merkliches Schwinden der Berge zu bearbeitenden Papiers auf meinem Schreibtisch wird mir an diesem Tag nicht gegönnt.

War ich irgendwo in etwas hineingetreten? Seit diesem Jahr klebte mir die Schiete am Bein. Egal, Speck oder Aal.

Der Papierkrieg war sowieso nicht zu gewinnen, nur gelegentliche Scharmützel. Gott sei Dank hielt meine Erfahrung mir den Rücken so weit frei, dass ich den Überblick behielt. Wenn erforderlich, setzte ich Vorränge täglich neu, sortierte die Stapel danach um – nicht mehr so gut wie möglich, sondern nur als nötig abarbeiten.

Die Jahre ließen mich reif werden für den Riecher, woher der Wind wehte, woran etwas stank. Entgegen gelegentlicher Wichtigmacherei seitens derer, die sich im Ermittlungserfolg gern öffentlich sonnten, blieb eine „Schnüffelnäs" für Eingeweihte nur Erfahrungswissen. Wer in die Lebensumstände des Ganoven einzutauchen vermochte, der konnte, in dessen Rolle geschlüpft, Tatgedanken und Spuren lesen, Schritte vorausahnen, zwischen den Zeilen Trügliches finden. Das war das ganze Geheimnis, erfolgreich zu sein. Unsereins hatte dieses Handwerk noch von der Pike auf gelernt. Heute wurden die Jungen hineingeworfen, vollgestopft mit Wissen aus einer einheitspolizeilichen Ausbildung, in welcher Kriminalistik und Kriminologie unter „ferner liefen" unterrichtet werden. Tief eingepflanzt war ihnen der Glaube an den Serviceheiland Rechner, der schon den Täter auftischte.

In meinem Büro sprach ich laut, was ich schrieb: „Fragezeichen." Ich fühlte mich gut in meiner eigenen Unterredung.

Die Kollegen hatten das Licht im Flur angelassen. Wohl, damit ich mich nicht einsam fühlte.

Schuld daran, dass ich langsam viereckige Bildschirmaugen bekam, war die Geschichte, an der ich noch saß. Jede Verbesserung verkehrte unser EDV-System vom Vorgangsassistenten, der den Ermittler von der Büroarbeit entlasten sollte, schleichend hin zu einem Statistikmonster.

„Matthias." Vertieft in den elektronischen Abschluss eines Sachverhaltes, war ich beim ersten Wort zusammengezuckt.

„Du, bei der Leitstelle ging ein Notruf ein. Sie schickten zur Abklärung einen Streifenwagen in die Wohnung der Anruferin. Unseren Kollegen in Blau bestätigte sich der Sachverhalt. Gefahr im Verzuge. Das fernmündliche Okay der Bereitschaftsstaatsanwältin für die Durchsuchung beim Verdächtigen war in dem Fall nur Formsache, und damit ist es deiner."

Knackiger und so toll auf den Punkt gebracht konnte die Ansage meines Chefs nicht sein. Kurz nach eins hatte der plötzlich neben mir gestanden.

Im Schreibtischstuhl drehte ich mich halb um und schaute über die Brille. Strahlend zufrieden genoss Ulf seinen Auftritt: „Alles klar?"

Ich versuchte es mit einem Gesicht – ich verstehe Bahnhof Koffer klauen –, hob die Augenbrauen, reckte das Kinn vor, ihn auffordernd, den Rest seiner Botschaft rauszulassen.

„Ach so, eh, Morddrohung mit einer Schusswaffe."

Langsam nickte ich ihm mein mildestes Lächeln.

„Ach, hier." Damit legte er mir jenen Zettel auf die Tastatur, den er die ganze Zeit zwischen rechtem Daumen und Zeigefinger geknittert hatte. „Die Handynummer der Beamten vor Ort."

Meine Antwort war ein Spiel. Kopf und Oberkörper verschmolzen mit dem Stuhl zu einer Wellenbewegung. Grienend sang ich: „Die perfekte Welle …"

Sein Klaps auf die Schulter, breites Kopfschüttelgrinsen, Rückwärtsgang, weg. Er hatte mich verstanden und ich ihn: Hier ist natürlich keiner tüdelüt. Lange genug kannten wir uns, für Faxen immer zu haben. Die Spule lief, mehr Worte waren nicht nötig, jähe Wendungen im Fall per Telefon, alles andere via PC. Vom Streifenführer vor Ort ließ ich mir den aktuellen Stand berichten. Dann erläuterte ich ihm meine Entscheidung über das weitere Vorgehen und stimmte seinem Vorschlag zu, neben der laufenden Aufnahme der Anzeige sich auch um die Sicherheit ihrer Erstatterin zu kümmern. Mit Quittierung des

Schichtführers im zuständigen Revier schickte ich ein zweites Team los. Das entdeckte im Pkw-Kofferraum des Verdächtigen das Gewehr, geladen und griffbereit in eine Decke gewickelt. Dieses Mal zum Glück nur eine Luftdruckwaffe.

Im Einsatzprotokoll las ich: Da der Tatverdächtige Widerspruch gegen die Sicherstellung einlegte, erfolgte die Beschlagnahme. Somit war ich verpflichtet, die Dreitagefrist zur Bestätigung der Maßnahme durch einen Richter einzuhalten.

Der Anzeigentext enthüllte mir dann das Milieu, in dem Opfer und Täter miteinander lebten. Der Verlassene hatte das Dach des Gartenhauses abgedeckt, nur weil seine Verflossene ihm die verlangten 100 € für die einst beschaffte Bedachung nicht zahlen wollte. Zwei seiner Kumpels, die wahrscheinlich früher dort mit beiden feuchtfröhlich gefeiert hatten, waren ihm offensichtlich gern dabei behilflich gewesen. Schlussendlich trat der Angeschuldigte seine Vielleicht-mal-Liebe aufs Erbärmlichste verbal in den Dreck und dies gipfelte in der Ankündigung, sie zu erschießen.

Wie so oft verkraftete auch hier der eine die Trennungsentscheidung des anderen nicht, konnte dem Ex kein neues Glück gönnen, blieb mit sich auf der Strecke. – Ein aufgesetzter Schuss mit einem Luftgewehr, töten war damit nicht unmöglich.

Meine Anstrengung zur Aufhellung des Sachverhaltes musste auf das Motiv und den beweislichen Beleg gerichtet bleiben, gerade wegen der Ernsthaftigkeit dieser Todesandrohung.

Auf der Waffe fehlte das Prüfzeichen „F". Damit war die kriminaltechnische Untersuchung im Landeskriminalamt vorgeschrieben. Vorher wollte ich eine operative Beurteilung haben, denn bis zu einem Ergebnis der Experten konnten Wochen vergehen. Ich bat den Kriminaltechniker des Dauerdienstes. Dieser konnte sich von einer dringlichen Spurenuntersuchung im Laborkeller nicht loseisen. Die ihn ablösende Spätschicht war schon zu einem frisch gemeldeten Raubüberfall im weitläufigen Park der Wallanlage „verbraten" worden.

Okay. Ein Beleg für den zugelassenen Wert von 7,5 Joule Bewegungsenergie der verschossenen Munition fehlte. Damit hatte ich eine höhere Durchschlagskraft in Betracht zu ziehen. Lag die im Visier des Verdächtigen? Im legalen Fall verlangte das Gesetz den kleinen Waffenschein. Zudem wurde zwischen Besitz und dem Mitführen unterschieden. Letzteres deckte auch eine Erlaubnis nicht ab. Die hatte der Delinquent, wie zu erwarten, nicht. Ein bundesweiter Dateiencheck und die Auskunft der örtlichen Ordnungsbehörde bescheinigten ihm eine weiße Weste. Das erübrigte zusätzliche Maßnahmen.

Vermasselt hatte es dann der „gute Bekannte" der Anzeigenerstatterin und Zeuge der Drohung. Sein Rückruf klaute mir die Hoffnung, heute mal früher als sonst vom Hof zu kommen. „Ich bin Lokführer bei der Deutschen Bahn. Der Termin morgen, den Sie mir in den Briefkasten gesteckt haben, passt nicht zu meinem Dienst. Da geht auch überhaupt nichts zu schieben."

„Mein Vorschlag ist, Sie finden heute noch Ihre schriftliche Anhörung im Briefkasten, und von Ihnen bekomme ich eine schnelle Antwort."

Im linken Augenwinkel forderte ein grelles Weiß meinen Blick. Vorm Haus war die Laterne angegangen. Über ihrem Schirm leuchtete hinter winterkahlen Kronen einer Reihe Schwarzpappeln blasses Rosa auf den Dächern der grauen Plattenbauwohnblocks. Über dieser Eindrittelfensterausschnittssicht versperrte die Außenjalousie meinem Blick den Himmel. Ihre Lamellen standen noch gegen die Mittagssonne geschlossen.

Ich glitt von dem Draußen zurück. Las auf dem Bildschirm den Anhörungstext noch einmal Kontrolle. Gute Verständigung beeinflusste die Ausbeute positiv. Ein wenig Psychologie öffnete Münder oder führte Zeugen die Feder.

***

In dem anderen Fall auf meinem Tisch hatte ich dieses Handwerkzeug ähnlich gebrauchen müssen. Erst Anfang des Monats war ein siebzigjähriger Familienvater durchgedreht. Als Sportschütze besaß der gleich mehrere scharfe Schießeisen. Unter dem Vorwand, etwas regeln zu müssen, traf er sich mit seiner zehn Jahre jüngeren Nochehefrau in ihrer ehemals gemeinsamen Wohnung. Der erwachsene Sohn wusste von diesem Treffen. Als er seine Mutter am Abend telefonisch nicht erreichen konnte, fuhr er hin.

Sein Vater hatte erst sie und dann sich erschossen.

Eine unsichtbare Hand wischte mir von links über die Stirn, die Schulter, den Arm, hinunter bis zur Hüfte. Den Bruchteil einer Sekunde spürte ich die Linie zwischen den Schläfen knüppelhart. Dann nichts mehr, weg. Was war das? Ein Herzkasper? Quatsch. Das Formular mit meinen Fragen würden die Kollegen im Revier in der nächsten Stunde dem Bahner zugestellt haben. „Mo. 16:45", las ich, „Danke, Desktop." Und weiter mit mir selbst im Gespräch gab ich die Order: „Für heute reicht es. Noch zwei Befehle. Drucken, Herunterfahren." Die letzten Tage nach Feierabend und übers Wochenende hatte ich meine Freundin gesund gepflegt. Noch nie war mir jemand begegnet, der so mit dem Herzen dachte. – Ein Transparent entrollte sich hinter meinen Augen: „Glück mit einer Fee zu fliegen, wie könnt ich anderes fühlen. Lass uns jeder des anderen Flügel sein." Das hatte ich ihr geschrieben. Ich kenne für sie nur diesen Zauberinnennamen. Ihr war passiert, dass sie sich schwindelig am Treppengeländer festhalten musste. Danach lösten Übelkeit und Magenkrämpfe sich als Zustände ab. Hatte ich mich bei ihr angesteckt?

Die Mattscheibe vor mir war dunkel geworden. Eine Kapsel Zink wollte ich vorsorglich nehmen. Die Gürteltasche, in der ich sie verstaute, wusste ich im oberen Außenfach meines Rucksacks. Ich zog den Reißverschluss zurück, klickte den outdoorüblichen Steckverschluss der Tasche auf, dann die zusammengeklappten Fächer. Ein Sammelsurium bewährter Dinge beinhalteten sie. „Nix, mh, Schiet." Wie Schuppen fiel es mir von den Augen. „Na toll, zu Hause im Bad liegen die neuen gut."

Diese Sache mit dem durchgeknallten Sportschützen … Dass der Revolver weder zu den auf ihn zugelassenen Waffen noch zum Arsenal seines Schützenvereins, hier wie an seinem ehemaligen Arbeits- und Wohnort Dresden, gehörte, stand schnell fest. Bei der Hausdurchsuchung wurden Hinweise auf eine Jagdhütte in der Sächsischen Schweiz sichergestellt. Ich folgte dieser Spur ins Elbflorenz.

Nach einem der langen Ermittlungstage streckte ich den Heimweg vom Präsidium instinktiv über das historische Pflaster, schlenderte an der Frauenkirche längs durch die Münzgasse auf die Brühlsche Terrasse. Ich brauchte das, mit weitem Blick über den Fluss meine Gedanken frei zu laufen. Tou Hus, an de See, verdeilten de Bülgen sei mi an so een Dach bet to de Kimm. (Zu Hause, an der Küste, verteilten die Wellen sie mir an so einem Tag bis zur Kimm.)

Hier, in meiner Stadt der Kindertage, sollte der Strom sie fortnehmen.

Flussaufwärts steuerte ich dem Stadtteil Striesen zu. In den Straßen seiner alten schönen Villen hatte ihre Wohnung gelegen …

Mutsch, nahm dich, uns bei den Händen …

Links passierte ich die ockerfarbene Fassade der neuen Synagoge. Vor mir blieben zwei Leute stehen. Das Ampelmännchen leuchtete rot. Dann grün. Hinter beiden schritt ich über die Gleise der gelben Tram, entlang der weißen Streifen über die mehrspurige Fahrbahn. Blechgesichter lauerten dahinter. Eine Rosenrabatte trennte sie von der in entgegengesetzter Fahrtrichtung haltenden Kolonne und von den sandsteinernen schwarzen Statuen zu Pferde. Links Nereide, die über ruhiges Wasser Reitende, als Ausdruck der „Elbe in Ruhe", und rechts, der seine Keule bei der Jagd durch die Wellen schwingende Triton, die „Elbe in Bewegung" verkörpernd.

Die Jahrhundertflut im August 2002 …

Beide sollen zu den wenigen erhaltenen Elementen der in den letzten Wochen des Zweiten Weltkrieges gesprengten historischen Carolabrücke gehören. Ihre Postierung an der Auffahrt zur modernen Betonkonstruktion bewirkte, angesichts der sie einschließenden Fahrzeuglawinen, den Eindruck, als absolvierten sie inzwischen einen Triathlon mahnender Symbolik.

Auf der anderen Straßenseite angekommen, war ich im Begriff, jene Herrschaften zu überholen. Er stürzte, sie, im Versuch ihn zu halten, wurde mitgerissen – alte Menschen; ich packte zu, half ihnen auf, gab ab von dem, das ich dabeihatte, Wasser, Traubenzucker aus der kleinen Tasche in meinem Tornister. „Ja, er ist Diabetiker", hörte ich ihre Antwort; schaute in ihre Gesichter, Aussiedler wahrscheinlich, Juden; bot meine Begleitung an. Und half mir selbst, wieder kraftvoll auszuschreiten.

Meine Ermittlungen zum Revolver hatten sich schließlich im Sande verlaufen.

Einen Moment lang hielt ich auf meinem Bürostuhl inne. Kein weiteres Krankseinszeichen. Fluchtrolle hieß jetzt die Parole. Zügig wusch ich noch den aufgesparten Apfel, den ich nach der Arbeitsbeschaffung des Chefs wohlweislich in die Westentasche gesteckt hatte. Im Büro die Wetterjacke und den Rucksack übergeworfen, Reißverschluss und Tragegurt im Gehen schließend, empfing mich draußen eisiger Wind aus Nord. Ich schob die Kapuze über die Fleecemütze, zog meinen Schlauchschal bis unters Kinn. Die Kollegmappe hielt ich als Schutzschild vor die Brust.

Das Licht der Straßenbeleuchtung glitzerte friedlich, gar feierlich, auf dem angetauten dünnen Pfützeneis, und gleichsam in den dunklen Scheiben der Häuser.

In Asien feierten die Menschen heute Neujahr.

Ich, ein im Jahr des Drachen Geborener, biss genüsslich in meinen Apfel. Ein tiefer Atemzug ließ mich frösteln.

Ich muss noch Brot kaufen.

Schneller nahm ich die Straße unter die Füße. Dass die Zeit auch in die nächste Abfahrt meiner Bahn passte.

Als vormals dick befreundet mit dem Täter, könnte der Lokführer – dieser Fall klebte mir unter den Sohlen – etwas über die Herkunft des Luftgewehrs wissen?

Vorerst war er Zeuge. Mit dem Vorteil, dass er in dieser Rolle aussagen musste.

Der Beschuldigte hatte jedwede Aussage verweigert. Sein Anwalt beantragte Akteneinsicht. Das Einlassen in der Sache wurde damit erst vor Gericht wahrscheinlich. Wiederholungsgefahr, als einzig möglicher Haftgrund, konnte mit dem gegenwärtigen Ermittlungsstand nicht begründet werden. Und seine zwei Kumpels …

Ich schnipste meinen Apfelstiel auf den Fußgängerüberweg: „Herr Kommissar, Sie haben Feierabend!"

Der zentrale Platz des Stadtteils nahm mich in das offene U seiner Gebäude auf. Rechter Hand lag die Apotheke, aus der ich mir nach Fees Anruf letzten Mittwoch noch die pflanzlichen Tropfen gegen Magenbeschwerden besorgt hatte.

Automatische Eingangstüren öffneten, schlossen sich hinter mir in der Vorhalle des Discounters. Der Flickschuster gegenüber, die Bäckerfiliale gleich rechts. An deren Tresen stellte ich mich als Dritter in die Reihe.

„Guten Tag. Sie wünschen?"

Mich bediente die hübsche Blonde. Ihr kurzer Schopf mit der knallroten Strähne im Pony und dem dazu passenden Lippenstift war ein Hingucker.

Sie nickte. – Wir hatten nie ein privates Wort gewechselt, aber sie schien mich zu kennen.

„Hallo. Ein halbes Hanseaten, geschnitten, 9,5 mm, bitte."

Spackiger, dünner rissen mir die Scheiben beim Butteraufschmieren entzwei.

Die Brotschneidemaschine ratterte. Zu ihrem Takt durchstampften Schlotterwogen mich, die weich gewordenen Knie hinauf, herab, tschitcheringrün flimmerte mir vor den Augen. Ich presste die Zähne aufeinander. Leere breitete sich im Magen aus, krampfend gewann das Gefühl Oberwasser, mich hinzusetzen, in der Ewigkeit, bis die Verkäuferin meine Kundenkarte an der Kasse durchzog, mir mit dem Bon reichte, zittrig die Hände beide in Geldbörse und Jacke verstauten. Dann startete der Magenfahrstuhl. Fast riss ich das Halbe vom Tresen. Mit Tunnelblick eilte ich hinaus. Zu mir kam ich erst wieder über niedrigen Sträuchern, gebeugt, gestützt auf meine Mappe. Der feste Schluss meiner Finger um den Zipfel der Brottüte entkrampfte.

Das Restlicht der Schaufenster ließ mich die bekannte klinkergemauerte Hochbeetrabatte erkennen. Offenbar verdeckten sie und die Kollegmappe anderer Blicke auf das Malheur. Meine Kleidung schien nur unauffällig beschmutzt. Erleichtert, wahrlich doppelt, trollte ich mich mit fester werdendem Schritt in die Spur. Im verglasten Warthäuschen der Haltestelle drängten sich Schutzsuchende.

Gut, die Bank daneben war meine alleine. Ich musste den Geschmack im Mund loswerden. Eine der beiden Wasserflaschen in den Rucksackaußennetzen war zum Glück noch halb voll. Zwei Spülschlucke spuckte ich in den Rasen hinter mir.

Ich hob die Flasche gen Osten: „Prost Gänsewein. Prosit neues Jahr. Auf dich, chinesischer Wasserdrache!"

Rausch

Bea und ich saßen auf der hölzernen Bank unter den bleiverglasten Fenstern von St. Nikolai. Schweigend hielten wir uns, die Arme ineinandergeschlungen, wie in unseren Gesprächen davor. Der Geist der alten Mauern schien uns hier zu verankern.

Unweit, die Lichter des Hafens …
Rollreifen flüchteten dort, Menschen in ihren Vehikeln,
wie wir?
Drangen nicht bis hierher, in unsere Stille …

Du warst im Begriff, deine Liebe über Bord zu werfen. Ich, hatte unter meine einen schnellen Strich gezogen. Deine, stattlich, liebenswürdig, wissenschaftlich gebildet. Du fühltest dich zu ihr hingezogen. Als du schwanger warst, fühlte er sich verpflichtet. Du wolltest mit ihm die Familie probieren. Dann, seit Jahren, nur noch Wochenenden. Seine Karriere machte eine tägliche Heimfahrt von der östlichsten Uni des Landes immer seltener möglich. In den Eitelkeiten der Macht eingesessen, massig geworden, schmeichelte ihm jede Werbung frischen Fleisches weiblicher Wesen, genießend, die Leitersprosse ihrer Aufstiege zu sein. Anfangs habe er sich noch darum bemüht, seine Affären zu verbergen. Kein gemeinsames Bett mit ihm, nur seine obszönen Angebote für ein schnelles Benutzen; deine Moralmantelrolle öffentlicher Auftritte, Mittagessentreffs an Sonntagen; statt geistvoller Gespräche, die du so liebtest, Blablabla von ihm. So satt hattest du das. Wolltest wenigstens einen kameradschaftlichen Umgang retten, des Jungen wegen. Meine Liebe: Gleich am ersten Tag erzählten wir einander unsere Leben. Aus meinem drehte sie bald den Strick der Eifersucht. Egal was oder wie ich etwas sagte oder tat, mir schien, sie hörte nur noch mit diesem

Ohr und sah auf jenem Auge. Manchmal verstand ihr Herz, doch ihr Kopf konnte nicht akzeptieren, und umgedreht. Das Zusammenziehen hatte sie gefordert, als Garantie, so ihre Idee. Als ich unsere separaten Wohnungen verteidigte, brauchte sie den „Beweis", wühlte heimlich in meinen Taschen, filzte das Handy, würgte den König in meinem Herzen. Ich schrieb ihr: „Wir haben uns nicht getrennt, weil unsere Liebe kaputt war, nein, nur mein Leben hat nicht gepasst in deine und deines nicht in meine, das sehe ich jetzt klar."

Reif war die Zeit zur Bestandsaufnahme, das Fühlen zu ordnen, die Erinnerung, Wonne zu balsamieren, den Ballast von den Flügeln zu streifen.

Gestern Abend hatte ich dir das Uns in mir gestanden, in den Kuschelkissen deiner Couch lümmelnd, unsere Beine einander entgegengestreckt.

„Meine Wellen prallten auf deine, und ich fühlte, dass sie sich in Harmonie glätten. Mit dem ersten Tag fand ich diese Worte." Ernst lag um deine Lippen.

„Mir tat die Sprache deiner Augen unsere innere Verwandtschaft auf und formte Wogen.

In ihrem Tal war ich zufrieden, sachzweckbezogen, rational strukturiert, organisiert selbstbestimmt. Auf dem Berg lag das Glück, ohne Vernunft, nicht zu greifen, das brachte mich aus der Ordnung, deine Streichelwärme. Das Tal und den Berg, beides, die Sehnsucht sie zu vereinen, strandete in mir Sturzbrecher. Doch du bist nicht der Fels in der Brandung, sie mir zu nehmen." Den Schmerz schluckte ich runter.

„Nach meinem Schwärmen in deinem Rosengarten ... ich hatte ein Wanken bei dir gespürt, rief mich zurück, denn es gibt keine zwingende Gleichung infizierter Seelen. Mit dir wäre ich gern über die Sehnsuchtsschlucht, den Steg potenzierter Ebenen jubiliert."

„Hoffnungsloser Romantiker", lachtest du auf, und wieder ernst: „Mein Bild unseres Bandes ist tief vertraute Freundschaft."
Darauf klangen unsere Gläser unter der Dachschräge deines Hauses.

Das fühlte sich gut an, deiner gleichklingenden Seele nah zu sein; die eigenen Argumente an deinen reiben zu können, mit dir zu erkunden den weiteren Weg, ihn zu beschreiten, mit Herzpochen oder ohne? Verstand? Herz? Bauch?
Die Farbe des Merlots passte.
Dann, spät schon, erhobst du deine kleine Faust.
„Einen großen Haufen hatte ich vor mich hin gestellt, musste, habe ihn einfach meilenstiefelweggepanzert. Allein, nur für meinen Sohn Andreas und mich habe ich dieses neue Heim geschaffen."
„Aber manchmal sprechen deine Augen – Brunnenrufe – meine liebe B, fülle, fülle, fülle mich. Aufgeschlossen hast du deinen Seelenschutzkäfig, ja. Nur wenn du hinaustrittst, öffnet es dich, weiches Geben zu nehmen."
„Sein Marionettentheater kränkt mich mehr als die nicht mehr geheim gehaltenen Techtelmechtel. Schnell hat er sich an die Macht gewöhnt, alles zu haben."
Ich setzte mich auf, stellte mein Glas auf den niedrigen Tisch.
„Lass dich fallen. Dein Diener bin ich."
Damit legte ich mir einen deiner Füße in den Schoß.
„Nein." Mit einem Lächeln wischte ich den Einwand weg, die Füße seien nicht frisch gewaschen, zog dir den selbst gestrickten Socken aus und begann zu massieren. Du machtest die Augen zu.

Die „SOKO Christin" hatte in Wismar Quartier bezogen.
In der Altstadt erinnerte mich ein Arztschild daran. Seit einigen Jahren ließ ich um diese Zeit ein großes Blutbild machen, vorsorglich.
Sollte ich dazu extra zu meinem Hausarzt nach Rostock fahren?

Neben der Aufschrift – Praxis – drückte ich die Klingel.

Als ich das erste Mal deine Stimme vernahm, ließ ihr Klang mich neugierig werden.

Von zierlicher Statur, gleichsam schwebend, zwei Schritte in den Warteraum, gabst du mir den Vortritt in das Behandlungszimmer. Vis-à-vis sitzend fielen die kleinen dunklen Naturlocken schulterlang, von blonden Strähnen durchwellt, verstärkend, mit jeder Drehung deines schön geschnittenen Gesichts, den Eindruck fliegenden Haars.

Zwischen uns entspann sich ein Small Talk. Ich erfuhr, dass als junge Ärztin die Pathologie dein erstes Fachgebiet war.

„Sind Sie bei diesem Fall auch eingesetzt?" Du schobst mir die Zeitung herüber.

Gepflegte schöne Hände ohne farbigen Lack.

„Waldmord zwischen Kröpelin und Neubukow", prangte die Überschrift des Artikels.

„Ja, ich gehöre zum Team der Ermittler." Ich schaute dich direkt an.

Ohne Schminke, dezentes Rot der Lippen, das ließ meinen Blick auf dir selbst. Unter der offen getragenen weißen Robe umspielte verrückter Spitzenschick dein feines wohlgeformtes Dekolleté.

„Ich hätte gern routinemäßig eine Feststellung meiner Blutwerte."

„Ich übergebe Sie der Schwester." Du standest auf, fest war der Druck deiner kleinen Hand. „Ich würde unser Gespräch gern fortsetzen. Rufen Sie mich an?"

Ich bekam nur ein Nicken zustande.

Das war in den heißen Wochen, zu denen die Tage des Sommers für das vierzigköpfige Ermittlerteam geworden waren. Der G8-Gipfel in Heiligendamm hatte seine Zelte längst abgebrochen, doch aus den Camps der Protestierer blieben viele noch hier, schliefen am Strand. Wann war man schon mal anlässlich eines Summits am Meer, unter blauem Himmel auf weißem Strand?

Nur einen Ort die Küstenlinie entlang weiter westlich geschah landeinwärts, hinter dem mischbewaldeten eiszeitlichen Höhenzug, der diesem Ostseebad zu seinem Namen verhalf, jenes Grauen, das die Region durchschauerte.

Mich hatte der Telefonalarm auf dem Heimweg erreicht. Die Morduntersuchungskommission (MUK) war erweitert worden.

„Grüß di Matthias, diene Auswertermannschaft täuft all up ehren Käppen, wartet bereits auf ihren Kapitän. Gut, dass du keinen Urlaub machst", schlug Eckehard, der Leiter der MUK, feixend in meine Hand ein, bevor er mich umarmte.

„Ganz kurz: Am hellen Nachmittag war sie mit dem Rad unterwegs, um ihren Jungen aus dem Kindergarten im Nachbarort abzuholen. Wir haben die Uhrzeit der Bäuerin des letzten Gehöftes, bevor beide auf dem Weg in den Wald einbogen. Das ist die dichteste Verbindung zwischen den Siedlungen. Der Täter schlug an einer Stelle zu, wo das Unterholz alles schluckt. Zum Glück trug der Junge seinen Helm. In zehn Minuten große Lagebesprechung bei mir."

Natürlich hatte ich dich angerufen. Und du, ludst mich zu dir ein …

Kribbeln im Bauch, nen Fahrstuhl, hoch, runter,
der nicht anhalten wollte
Herzpochen zur Kehle raus
Worte zurechtgelegt, fand sie doof, bevor ich sprach
genug Anfang, für einfach verrückt zu sein …

In den ältesten und malerischsten Gassen der Stadt saßen wir in deinem kleinen Garten am Haus.
Knisteratmen zwischen uns, das mir den Verstand ausknipste.

Julias Worte standen mir im Sinn: „Komm Nacht! – Komm, Romeo, du Tag in Nacht! Denn du wirst ruhn auf Fittichen der Nacht. Wie frischer Schnee auf eines Raben Rücken."

„Ich mache uns Espresso", entflohst du.

Wir tranken ihn auf der Terrasse, quatschten über Gott und die Welt, tasteten so in uns weiter die Spuren ab nach Gemeinsamkeiten.

„Wenn du darüber sprechen darfst: War das eine geplante Tat?"

„Das ist eine gute Ermittlungsfrage. Ihre Beantwortung führt gewöhnlich zum Motiv."

„Jede Tat ist doch die Logik des Täters."

„Ja."

„Ist sie gefunden, kennt man seine Handschrift."

„Schon."

„Aber Rauschzustände werfen die Logik in den Eimer?"

„Richtig."

„Und wenn ein Rauschzustand erst während der Tat einsetzt?"

„Dann bricht die Logik an der Stelle ab."

„Also, wird ein Täter gestört oder überrascht, auch wenn er einen Plan dafür hat, die Realität wirft diesen über den Haufen. Gerät er dann in Panik, verlässt er seinen Plan, und es kann zu einer rauschähnlichen Situation kommen."

„Junge Frau, habe die Ehre", stand ich mit angedeuteter Verbeugung auf, „Sie sind vom Fleck weg engagiert. Fähige Kriminalisten braucht das Land."

Noch in unser Lachen hinein sagtest du: „Wie Täter ticken, hat mich schon immer interessiert."

„Okay, gesetzt den Fall, Täter und Opfer kannten sich nicht, und die Tat wurde im Rauschzustand begangen."

„Also keine Beziehungskiste."

„Das ist unser beider Version", umging ich deinen Versuch, mich auf den Echtfall festzunageln, „sie bildet die begründete Annahme und ist Schlussfolgerung aus den offenen Fragen. Quasi die Voraussetzung dafür, Antworten zu finden. Zum Beispiel: Weshalb greift, erstens, der Täter Mutter und Kind an? Kinder wirken normalerweise abschreckend gegen Gewalt. Warum versucht der Täter, zweitens, seine Spuren nicht zu verwischen? Drittens, weshalb lässt er einen Zeugen zurück, den Jungen?"

„Entschuldige bitte. Also waren beide zur falschen Zeit am falschen Ort."

„Das ist gut möglich. Rauschtäter suchen sich ihre Opfer in der Regel nicht gezielt aus. Sie begehen die Tat spontan, weil die Situation sie dazu verleitet. Und, viertens, von welcher Art Rausch ist auszugehen? Drogenkonsum, Alkoholisierung, Medikamentenmissbrauch, ein psychischer Defekt, der situationsbedingte Kurzschluss, gar ein aus allem miteinander verflochtenes Bündel?"

„Die Zeitungen schrieben, dass das Opfer mit einem Ast erschlagen worden sei."

„Lass uns das weiterspinnen und in die Rolle des Täters schlüpfen: Ich entdecke eine junge Frau auf ihrem Rad, stelle fest, dass der Weg durch den Wald, auf dem sie unterwegs ist, nur wenig benutzt wird und offensichtlich zwei Dörfer miteinander verbindet. Mein Entschluss ist gefasst. Ich finde die ideale Stelle, auf sie zu warten, und habe nichts mehr als Zeit."

„Dann sehe ich sie, über dem Unterholz, zwischen den Stämmen der Bäume, verberge mich, bis ich höre, dass sie nah genug ist, springe aus meinem Versteck. Erst jetzt werde ich des Jungen gewahr. Das ist aber nicht mein Plan."

„Genau. Der Junge, die Frau, beide schreien. Das kenne ich, die Hilferufe meiner Kindheit. Mir ist, als ob der Kopf platzen will. Das muss aufhören; es wird, wenn ich zuschlage, schlage, schlage."

„Vielleicht ist die Tat so oder ähnlich passiert."

„Die Erfahrungen mit solchen Delikten sprechen davon, dass Täter sich in einen Gewaltrausch steigern, in eine Art

Selbstbefreiung. Allerdings, um auf den wirklichen Fall zurückzukommen, diese Tat ist unvergleichbar."

„Das klingt nach einer harten Nuss."

„Wenn die ersten vierundzwanzig Stunden nicht den entscheidenden Hinweis bringen, sieht es oft so aus. Die Bühne des Täters ist der Tatort. Auf ihr zeigt er seine Persönlichkeit. Gelingt es uns, sein Verhalten im Zusammenhang mit dem Tatablauf zu analysieren, werden eine Beschreibung des Tätertyps, Schlüsse auf das Motiv und eventuell auf die sozialen Wurzeln des Täters möglich. Unser Fahndungsraster grenzt sie ein und dateierfasste Merkmale können recherchiert werden. Im Idealfall führt das zum Treffer."

„Andernfalls ist es gut, dann eine weitere Theorie zu haben."

„Wenn wir den realen Fall betrachten, könnte der Ansatz lauten: Der Täter ist nicht lokal verortet. Er ist unter den Protestlern des Gipfels zu suchen oder benutzte diese Menschenmenge als Tarnung. Großereignisse solcher Art ziehen immer wieder Gelichter dieser Gattung an, weltweit."

„Gibt es denn überhaupt schon Antworten?"

„Wenn du mich so direkt fragst, momentan haben wir mehr Fragen als Antworten."

„Also auch keine auf die Tatlogik?"

Ich zog die Schultern hoch: „Am Ende muss vielleicht Kommissar Zufall ran. Der hilft ja bekanntlich den Tüchtigen."

„Wie ist sie zu Tode gekommen?"

„Das ist Täterwissen, meine Liebe, aber das, was der Wahrheit am nächsten kommt, kennen immer nur die, die es etwas angeht."

Unsere Blicke trafen sich.

„Bei Mord, nur der engste Kreis der Ermittler, eben drum."

***

39

Im Hafen …

Werfen die hohen Strahler stoisch ihr Licht
grellem Rufen gleich, der eigenen Enge zu entrinnen …

Auf unserer Bank rückten wir dichter zusammen.
Gestern, bis kurz vor Mitternacht, hatten B und ich mit Andreas
das Für und Wider ausgeheckt. Mit seinem Freund Michael
wollte er zu einem Rockkonzert auf die „Gera", trotz verbundener Schnittwunde in der linken Hand. Das beredte Zeugnis
seines letzten Ausflugs in den Hafen. Du sorgtest dich nicht
wegen des berühmt-berüchtigten Rufes dieses Kulturschiffes,
die Jungs sollten sich ruhig ausprobieren, schließlich hattest du
es mit 17 nicht anders gehalten, nur das Risiko erschien dir zu
hoch, dass der Junge, wenn Alkohol im Spiel ist, wieder in ein
Schlamassel gerät. Das Schiff sei Territorium der linken Szene,
jeder sähe beiden an, dass sie nicht dazugehörten.
„Ich hab's, wir zwei, schwarz-bunt inkognito, begleiten die Jungs
als ihre Leibgarde", präsentiertest du einen „Enterhakenplan".
Einquartiert in deiner Spitzbodenkammer, die Bettdecke bis an
die Ohren gezogen, schlief ich mit diesem ein …
Ich hocke unter einem großen runden Tisch. Die Stühle drum
herum bilden mit der Tischdeckenkante Sehschlitze, Schießscharten. Ich spähe hindurch. Riesig der Raum, inmitten der
Tisch, die Wände, Türen, Fenster, alles ist rund. Letztere stehen
weit offen. Ich könnte hinaussehen, mich orientieren, doch sie
sind belagert von Luparamännern. Nach draußen gerichtet kann
ich ihre Gesichter nicht sehen. Beginne, die Bande zu zählen. Es
ist zu dunkel. Wir halten uns aneinander fest. Ich drücke deine
Hand fester als du meine. Darüber fallen wir in einen Halbschlaf.
Das harte Ladegeräusch der Waffen schreckt uns auf. Jetzt zählst
du. Schaffst es auch nicht.

„Durch den zerbombten Hafen zogen wir im Brausebrand einen Stropp hinter uns her. Tauwerk zum Verladen von Sackgut", erkläre ich dir dieses Wort.

Legst mir einen Finger auf den Mund, schmecke deinen Lippenstift.

„Diesen einen Angekohlten", flüstere ich, „mussten ihn doch aus den rauchenden Trümmern, vor den klaffenden Löchern der Pier erretten, nach dem Bombenangriff der Amis."

Ein Rotschopf taucht zwischen meinem und deinem Gesicht auf, grinst. Schlage ihm zum Gruß auf die Schulter. „Feuerlocke, mein Seefahrerkumpel", nicke ich zu dir, „lagen mit unserem Pott in Haiphong. Alter Seehund, das war ein Ding, damals in Vietnam! Mit allen Meerwassern Gewaschener, einmal abgesoffen, festgefressener Maschinenkolben, die See als Braut, hatte dich fast vergessen."

Seine Miene bleibt unverändert.

„Das alte Tonbandgerät in deiner Kajüte, spielt es noch immer nur mit einem vollen Glas Whisky auf der Spule? Ewiger, untauglich für das Leben an Land. Ziemlich licht ist inzwischen dein Haar. Was machst du hier?"

Nickt, der Kerl, in deine Richtung, kneift ein Auge zu, entgegengesetzt seine Hand an der Mütze, die er nicht aufhat, will heißen: Aye Sir! – kenne ihn schließlich, den olln Maschinmat. An mir hatte er einen Narren gefressen, hielt seine Hand über mich.

„Jetzt stehst auch du unter seinem Schutz", zwinkere ich dir zu. In dein Nichtbegreifen läuten Glocken.

Ich erwachte unterm Spaltbreit des geöffneten Dachfensters. St. Nikolai rief mich in den Tag.

Deine Stimme holte mich auf unsere Bank zurück.

„Weißt du, jeder trägt in sich Spuren vom Leben."

„Mhm", bestätigte ich nur, da ich spürte, dass deine Gedanken erst am Anfang waren.

Die Brise legt Nebelgrau …
hüllt die Konturen der Gassen
dämpft ihr Licht …

„Manchmal entscheidet ein Wimpernschlag Zeit, ob Beule oder Blessur. Schleift das Leben weiter tiefer ein in die Seele, haben wir gelernt unsere Wunden zu vernarben – wohl von den Bäumen, oder sie zu bedecken, aus Angst vor Wiederholung, vor uns, den anderen. Doch sie brechen auf. Ihr Eiter frisst unsere Seele, lässt uns Eigentäter, Opfertäter werden. Uns können wir nur selber heilen, ich mich, du dich."

„Lass uns dieses Abbild, mit deinen und meinen Farben umgestalten. So können wir darin alles und ewig sein, nur ohne Entzauberungsrisse. Ich spüre die Strahlkraft dieses Motivs, konzentriert auf mich, du auf dich, nur verpflichtet dem Vertrauen. Sich so zu berühren ist Glück. Ich werde meinen Weg gehen, froh über jedes Kreuzen mit dem deinen. Das lässt mich in mir ruhen."

Ich spürte deine Lippen auf meinem Mund, ganz kurz.

„Jetzt habe ich Lust auf ein Glas Wein." Du begannst uns zu entschlingen.

„Jooo."

Dicht nebeneinander gingen wir, die Kirche zu umrunden. Dein tiefes Atmen aus der Brust ließ mich den Anlass greifen. Ich legte meinen Arm um deine Schultern.

„Weißt du, dass ich dich nur in Bluejeans kenne."

Wir schauten beide an dir runter, lachten.

Schneid

Oliven- und Citrusbäumchen, ihre gelb und orange leuchtenden Früchte, Weinlaub unter dem Säulengang der „Steigenberger Sonne", mit der L'OSTERIA, ihrer Weinwirtschaft, stimmten auf eine Plaza ein. Weiter kutschierte mich die Tram vor die in der Sonne strahlende Bogenreihe der Rathausarkaden. Von meinem Lieblingsfensterplatz, dem einzelnen Doppel hinten, konnte ich in den dort aufgebauten Terrassengarten schauen. Oleander- und Palmenkübel rahmten das Areal. Swingsuiten schlossen seitlich die Bestuhlung ab. – In ihnen soll man schaukeln können, ohne dass das Essen vom Tisch rutschte.

Ihre Form, mit den rot beplanten Dächern, erinnerte an Kremserwagen.

Die Straßenbahn fuhr in die Haltestelle ein, hielt.

Als ich an jenem Tag hier ausstieg, waren die mediterranen Sommergärten schon weggeräumt. Nur das blassgelbe Laub der Reben und ihre bernsteinfarbenen Beeren erinnerten daran.

Am anderen Ufer der Stadt hatte ich zum Feierabend in der Umkleide einen letzten Blick in den Spiegel getan. Die knallrote Strähne passte super in mein Blond. Duft von ofenfrischen Brötchen stieg mir in die Nase, zog mich in den Geruch meiner Kindheit, in den Laden zwei Straßenecken vom Rathaus weg, in der Grubenstraße.

Schon als lütte Dirn dremmelte ik mine Mudder, dat se mi dor inköpen schicken deit, un ik künnt nich nauch dorvon krägen, den Stoffbüdel in de een un de Dalers in de anner Hand. (Schon als kleines Mädchen drängte ich meine Mutter, dass sie mich dort einkaufen schickte, und ich konnte nicht genug davon kriegen, den Stoffbeutel in der einen und das Geld in der anderen Hand.) Har ick wat vergäten, stellte ik mi girn noch eenmal an. (Hatte ich was vergessen, stellte ich mich gern noch einmal an.) Later richtete ik dat mit Afsicht af un to so in. (Später richtete ich das mit Absicht ab und zu so ein.) Weil, wat de Lüd unner een anner un de Bäckersch mit sei schnackten, wier för mi bannig so uprägend wie dat Inpacken un Verköpen von de Saken sülben. (Weil, was die Leute untereinander und die Bäckersfrau mit ihnen erzählte, war für mich so sehr aufregend wie das Einpacken und Verkaufen der Sachen selbst.) Platt to räden, dat kennt ik von tau Hus. Dit un dat is bet hüt so bläben. (Platt zu reden, das kannte ich von zu Hause. Dieses und jenes ist bis heute so geblieben.)

Ein langes Ch, das Rutschen vom Blech, und blob, blob, blob … blob, die knackig Gelben purzelten ins Semmelfach. Als Lütt waren sie meine „Gickelinge", die goldenen Taler aus dem Grimmschen Märchen. Heut backte ich sie selbst.

Als Teiglinge hatte ich sie in den Backautomaten geschoben, nun holte eine Kollegin sie heraus, denn meine Frühschicht war zu Ende.

Den halben Tag im Laden, das bei künstlichem Licht, da war ich froh, an die Luft zu kommen. Zwei Haltestellen entfernt, von und bis zum östlichen Verkehrskreuz des Nahverkehrs, so lief mein tägliches Per pedes. Vor der Schicht joggte ich den kürzesten Weg durch die Wohnblockgassen, um munter zu werden, und danach liebte ich es, an den Vorgärten der alten Siedlung entlangzugehen. – Ein Häuschen mit einem Garten voller Blumen, das war mein Traum.

Den mit katzenkopfgroßen Steinen gepflasterten Fußweg säumten dort halbhohe Hecken. In dieser Linie thronten in gleichen Abständen die grauen Stämme von Elsbeerenbäumen. Im Leuchten der Sonne schienen ihre rot getupften Blätter die Farbe mit den kleinen apfelähnlichen Früchten zu teilen. Kletterrosen reckten an den Hauswänden vielleicht ihre letzten Blüten. Darunter stand Herbstzeitlose in den Beeten. Laub raschelte unter meinen Schritten.

Als ich auf dem Bahnsteig ankam, sortierte ich in Gedanken meine heutigen Besorgungen. Ein Kerl unterbrach mich. Auf der gegenüberliegenden Plattform machte er sich Luft.

„So, äh, ihr Schweine, alles klebt, Sauerei", stolperte ihm in dem abgehackten Rhythmus seiner Schritte grölend aus dem Mund. Damit entfernte er sich von dem Fahrscheinautomaten zur Mitte des Bahnsteiges.

Schmuddelig von Kopf bis Fuß, längst aus der Mode gekommen seine beigefarbene Jacke und Hose. Ton in Ton würde ich, bei chic & schön auf dem Zweiten Programm, gefunden haben, nee, „Rentnerbeige" passte besser.

Wo hatte ich diesen Ausdruck schon mal gehört? Jedenfalls – seitdem achtete ich auf die Klamotten der Leute. Und es stimmte.

Sein Alter konnte ich hinter dem aschigen Gesicht und unter der nackenlangen filzigen Matte von Haaren nicht schätzen. Ich vermutete, der sah älter aus, als er war.

Eine Gruppe Jungs stand, ihre Tornister auf den Rücken und zwischen den Beinen abgestellt, einen Kreis bildend, wenige Meter entfernt. Die Truppe schien auf die nächste Bahn in Richtung der Wohngebiete zu warten. Er, inzwischen bis nahe zu ihnen vorgerückt, kanonierte seinen Schimpf jetzt mit Unterstützung fuchtelnder Arme in deren Richtung. Die Finger seiner Rechten hielten einen Fahrschein. An dem nestelten sie unablässig, mir Nicht-Sichtbares, wie es schien, Klebriges loszuwerden.

Ihm folgte mit einigen Schritten Abstand eine leise Person. Äußerlich glich sie ihrem krakeelenden Vorweggeher. Den Gesichtszügen nach tippte ich auf eine Frau. Mit fast ausgestreckten Armen, in jeder Hand eine volle Flasche Bier vor sich her tragend, schien es, als wolle sie damit ihren Gang ausbalancieren. War sie der passende Deckel zu diesem „Topf"?

Er, nun von der Plattform die zwei Stufen zum Übergang hinuntergetapst, drehte potz Blitz um, wie von der Tarantel gestochen auf dem Hacken kehrt; hechtete, den Kopf vornüber an ihr, „seinem Deckel", vorbei auf die Jungen zu. Hinter dem Größten in der Gruppe blieb er ruckartig ganz dicht stehen, hob seinen linken Arm wie zum Schlag über den Kopf, sein Oberkörper ruckte nach vorn.

„Willst du eine aufs Maul?"

Der vermeintlich Angesprochene und die anderen standen stocksteif, niemand wagte einen Mucks. Das waren keine zwanzig Schritte Entfernung. Ich spürte die Spannung fast greifbar. Jeden Moment konnte sie sich entladen. Andere Wartende waren aufmerksam geworden, aber wandten sich sofort wieder ab.

Die glaubten wohl sich so aus der Schusslinie zu halten, froh, dass sie nicht dran waren. Aber ihren Augenwinkeln entging nichts. Einige dachten vielleicht: Ich müsste was tun, aber allein? Wenn sie schon nicht eingriffen, vielleicht merkten sie sich wenigstens Einzelheiten und riefen die Polizei.

„He, lass die Jungs in Ruhe!"

Erst die lautere Wiederholung meiner Worte ließ den Droher reagieren. Suchend drehte er sich in meine Richtung.

„Ja, dich meine ich!"

Er hielt kurz inne, ließ von den Jungs ab, ging mit stotternden Beinen zurück, die zwei Stufen wieder runter. Nun stand er mir gegenüber, getrennt nur durch das doppelte Gleis.

Fast jede Woche berichteten die Medien, wie unberechenbar solche Situationen sind.

In München war ein Fünfzigjähriger zu Tode geprügelt worden, weil er Kinder vor jugendlichen Schlägern beschützt hatte. – Wer andere schützt, ist selber dran.

Sollte ich mir Mitstreiter suchen, dass ich nicht allein da stehe, weil das für mich sicherer ist?

Aber was erwartete ich von ihnen? Das müsste ich dann sagen.

Mit meinen einssechsundsiebzig war ich mindestens einen Kopf größer als …

Wenn Hei, – Ich nannte ihn bei mir jetzt nur noch so für Er – seinem Ebenbild mit den Flaschen folgte, dann musste der an mir vorbei.

Ich malte mir aus – was wäre wenn –, erinnerte mich an meine Karatezeit als Schülerin. – Das war noch nicht zu lange her.

Quatscht Hei mich an, kriegt er 'nen Spruch. Einschüchtern läuft bei mir nicht.

Wenn er mich angreift? Dann trete ich zu, mit meinen Pumps, dahin, wo es ihm am meisten wehtut. – Ob der da überhaupt noch was hat, das schmerzen kann?

Vornübergebeugt trabte er an, Unverständliches in seine Bartstoppeln brabbelnd, immer wieder hinter sich in Richtung der Gruppe Jungs in vorwurfsvoller Miene mit der Fahrscheinhand zeigend. Von unten herauf traf mich ein verschlagener Blick. Der Wolf im Schafspelz.

Hinter mir wusste ich die gleichen Stufen, die der auf seiner Seite runter-hoch-runter gemusst hatte. Dahin konnte ich ausweichen oder ihm meine Handtasche um die Ohren schlagen.

Hei hielt sich in der Kurve innen, also den größtmöglichen Abstand zu mir. Trotzdem verfolgten meine Blicke jede seiner Bewegungen, richteten meinen Körper mit aus wie 'ne Kompassnadel, bis seine Gestalt unter der Überdachung des Bahnsteigs im Bunt der Wartenden unsichtbar wurde. Halbblaues Schimpfen und eine leisere, beschwichtigende Stimme blieben.

Das Display über mir schrieb: 3 min Linie 2 Bahnsteig B.

Gerade kehrte ich mich von der Anzeige ab, da sah ich ihn aus seiner Deckung herausstürzen. Breitbeinig baute er sich vor der Kante des Bahnsteigs auf. Die Hände in die Seite gestemmt.

„Was …"

Den Rest erahnte ich nur zwischen seinem Wanken.

„Gib endlich Ruhe!"

Mir stand die berühmte Szene aus dem legendären Western „Zwölf Uhr mittags" mit John Wayne vor Augen. Unwillkürlich rückte ich meine Füße weiter auseinander, kniff die Augen zu Sehschlitzen, hob ganz langsam den Kopf und senkte ihn zurück, fixierte ihn.

Zehn Doppelschritte Entfernung ließen mir genug Zeit zu reagieren. Wahrscheinlich fiel Hei von alleine auf die Nase, in seinem Dun.

Wieso hatte ich mit dem Karatetraining aufgehört?

Das Arbeiten in Schichten schon als Lehrling, jetzt steckte ich in der Ausbildung zur Filialleiterin, vielleicht sollte ich wieder …

So fix, wie Hei aufgetaucht war, verschwand er von der Bildfläche.

Mit meinen Gedanken ging das nicht.

Warum sein plötzlicher Rückzug?

Hinter mir hörte ich das Surren der Bahn.

Vor mir, nur noch mal von Weitem bellen, den dicken Maxen vor sich und den Umstehenden markieren.

Als die Tram abfuhr, hatte sich der Bahnsteig so weit gelichtet, dass ich sah, meine Hoffnung hatte sich zerschlagen. Hei und seine standen um einen orangefarbenen Abfallbehälter. Er stützte sich mit langen Armen daran auf, halb in meine Richtung gewandt. Ich spürte sein Lauern gegen mich.

Bis auf seine Höhe würde ich gehen müssen, wollte ich in die nächste Bahn einsteigen. Bock auf Feierabendärger? Nee. Der nette Kriminalist fiel mir ein. Er kaufte immer ein halbes Brot. Na klar – dein Freund und Helfer. Ich wählte den Notruf, berichtete kurz die Sache und beschrieb die beiden. „Mich erkennen Ihre Kollegen an der blonden Ponyfrisur mit einer knallroten Strähne. Ich warte hier auf Sie."

Nicht mal fünf Minuten später erschienen zwei junge Polizisten auf dem Bahnsteig. – Sie mussten mit ihrem Wagen in der Nähe gewesen sein.

Wir verständigten uns durch Blicke und mein Nicken in Heis Richtung.

Kurz darauf bewegte sich über dem Pulk der Wartenden eine blaue Uniformmütze in meine Richtung. Dann schälten sich die Polizisten heraus, in ihrer Mitte den Stänkerer. Seine Mimik, die Gestik der Arme, Hände, die Haltung waren dienernd geworden. Der Untersetztere der beiden wies mit ausgestrecktem Arm in die zu gehende Richtung, etwa eine Brustbreite zurückbleibend. Hei zackarellte laut, erklärte sich immer wieder halb umwendend unaufhörlich redend.

„Natürlich, die Herren Kommissare, wenn ich helfen kann, ich bin ein friedlicher Bürger, ein Bierchen darf man ja wohl noch trinken."

Der Größere, mit einem Silberstern auf den Schulterstücken, ging auf der Gleisseite, mit etwa einem halben Schritt Abstand. Ich fand, so hatten sie den Kerl im Griff, ohne den Schmuddelheini anfassen zu müssen.

Auf meiner Höhe wandte der den Kopf und spuckte mir vor die Füße, dabei mich keines Blickes würdigend. Blitzschnell zog der Silberstern seine Handschelle vom Gürtel und legte sie neben den Fladen.

„Würden Sie einen Moment beides bewachen?" – Schon war er weiter.

„Na klar." Ich trat einen Schritt vor.

Der andere, mit blauen Sternen, hatte genau so flink reagiert. Hei hatte er nun fest am Arm.

Keine zwanzig Meter von mir stand der dann breitbeinig am Streifenwagen, die Hände auf dem Dach. Um das linke Handgelenk klickte eine Handschelle. Dann konnte ich gar nicht so schnell folgen. Die Arme lagen auf dem Rücken; Hei wurde auf den Sitz im Wagen hinten rechts geschoben.

Der Große öffnete den Kofferraum, nahm eine metallfarbene Schachtel heraus und kam damit zu mir herüber. Mit dem Handy machte er ein Foto, steckte die Handschelle ein und entnahm ein Wattestäbchen. Das drehte er durch die Spucke, steckte es in ein Glasröhrchen, verpackte dieses. Unsere Blicke trafen sich.

„Wenn er uns schon freiwillig seinen genetischen Fingerabdruck gibt."

Schöne grüne Augen hatte der.

Mir schoss ein: Wo waren die Jungs? Ich hatte nicht mehr auf sie geachtet. Der Bahnsteig auf der anderen Seite war verwaist.

Meine Antworten auf seine Fragen notierte der Silberstern in einem Formular. Ein älterer Herr, auf einen Gehstock gestützt, näherte sich.

„Ich hab das alles gesehen", wandte er sich an den Polizisten.

Hatte ich dessen Bürgermut geweckt?

„Danke, bitte warten Sie."

„Sie unterschreiben hier für die Belehrung und da das Protokoll. Vielen Dank für Ihr Einschreiten."

Mit einem Lächeln reichte er mir seine Karte: „Falls Ihnen noch etwas einfällt."

Knackiger Hintern.

Im Wagen sitzend griff er zum Telefon.

Der prüfte jetzt die Personalien von Hei. – Das kannte man ja aus den Krimis.

Warum ging ich jetzt zu ihm rüber? Ik bün liekers nich nieglich woans Mudder Hacksch, oewer … (Ich bin doch nicht neugierig wie eine alte Frau, aber …)

Meine Ohrläppchen glühten.

„Darf ich Sie noch was fragen? Was passiert mit ihm?"

„Aber nur, wenn Sie das für sich behalten, und weil Sie einen Anteil daran haben. Der ist ein alter Bekannter. Die Kripo wartet schon auf ihn."

Was für ein Fisch war der Polizei mit Hei ins Netz gegangen? Und dann noch einer, den sie von früher kannte.

Ein Trunkenbold, sicher; Sozialschmarotzer, bestimmt; welcher im Suff aggressiv wurde, auch; aber einer, der seinen Frust an Schwächeren ausließ, dass sogar Kinder zu seiner Zielscheibe wurden, das stand Hei nicht ins Gesicht geschrieben.

Konnte man jemandem ansehen, ob er verbrecherisch war?

Auch die Totschläger von München sahen aus wie die netten Boys aus meiner Nachbarschaft.

Außer Kontrolle? Ja.

Hätte ich gegen die ausgesagt, könnte mich die Polizei vor denen und ihren Freunden schützen?

Die 1 rollte in die Haltestelle.

Auf dieser Linie fuhren die letzten älteren Züge. Sie bestanden noch aus Triebfahrzeug und Hänger. Eigentlich war es Banane, ob ich nun mit dieser Bahn rechts- oder mit einer anderen Linie linksherum ins Stadtzentrum gelangte. Wegen der erhöhten Sitzposition im Triebwagen wollte ich dort einsteigen. Als der Zug zum Stehen kam, entdeckte ich sie, auf der Bank des verglasten Bereichs der Haltestelle, den Rücken angelehnt, die beiden Flaschen vor sich auf den Boden gestellt. Ich sah ihr ins Gesicht. Sie schien mich nicht zu bemerken. Dann stieg ich ein. Die Bahn ruckte an, warf mich in den hintersten der einzelnen Sitze. Bergab näherte sie sich dem Fluss. Der erste Nachtfrost hatte auch hier das Laub bunter gemalt …

und ich eben dort dafür gesorgt, dass es friedlich blieb …

„Kling, klong", leitete die Ankündigung aus dem Lautsprecher ein: „Nächste Haltestelle, Stadthafen." Im Dröhnen über die Petribrücke wuchs vor mir die Baustelle auf der Holzhalbinsel. Bis zur dritten Etage standen die rohen Mauern des *Karavellerevier*, ein neues Center zum Einkaufen, mit Wohnungen und für Büros. Der Zug hielt. Erst hatten die Bäume der Uferböschung mir den Blick auf den restlichen Teil der Halbinsel verstellt, nun deckte ihn eine Tafel vor der anderen Baustelle hier zu. Sie warb für: „Privates Wohnen mit Aussicht auf den Fluss."

Häuser in seinem Überschwemmungsgebiet, trotz Rostocker Sturmflut von 1995 und prognostiziertem Anstieg der Meere? Ein Schildbürgerstreich unserer Stadtoberen?

Ich las die Werbung zu Ende: „Hier entsteht das neue Tor zur Hansestadt!"

Schon ruckelten sich die Wagen wieder in Fahrt. Der Tramfahrer schien die Zeit heranzufühlen, wann die Ampel die Strecke über die Kreuzung vor der Autobrücke freigab.

Die Bahn beschleunigte. Vor mir, gegenüber Sankt Petri, kamen zwischen der Trasse und dem Fluss Baumaschinen in Sicht. Schnell wechselte ich auf einen Sitz nach dieser Seite.

Sie ragten, inmitten eines schlammigen Bettes, auf stelzigen Beinen mit Kettenfüßen – Insekten unter einer Lupe. Radlader huschten spinnengleich zwischen ihnen und einem Haufen Kies. Ihre Schaufeln fütterten Trichter – die viereckigen Mäuler dieser krabbelnden Ungetüme. Auf und nieder bewegten sich deren Arme, entluden sich mit jedem Nieder tiefer in den Modder. Ich reimte mir einen Sinn.

Davon stammten die Reihen hinter den Maschinen, mit Haufen aus Beton, … ik dacht an mine Klackerburgen as Kind an Strand, meine gekleckerten Sandburgen.

Einige Meter weiter arbeitete eine Gruppe weißer Ganzkörperanzüge.

Spurensucher an einem Tatort?

Zwei der Männer brachten mit kleinen Kettenfahrzeugen Bohrungen in den Matsch. Anscheinend orientierten sie sich an den roten Stangen, die entlang der Geleise standen. Die anderen schoben faustdicke Rohrenden hinein, verlängerten das vorderste mit dem nächsten, bis zuletzt eines herausragte. – Trinkhalme in Cocktails.

Der Zug erreichte die alte Gerberei im Bruch. Ein Bagger riss nebenan alte Schuppen ab.

Der kurze Halt hier schaffte mir kaum Luft. Schon kam das Transparent zwischen den lange stromlosen Masten der Wendeschleife im Fischerbruch in Sicht. Mit dem Weiß seines Betttuches vergrauten auch der bunte Schriftzug – „Kinder statt Autos!" – und die Luftballons.

Die letzte tragende Rolle stählerner Wachen, jetzt Mahnruf auf einem Grabstein …

Das Wehr kam in Sicht.

Wo das Wasserrad der alten Lohmühle einst drehte, zeigte es sich in der neuen Straßenanbindung mit piekfeinem Gesicht. Ich wechselte fix den Sitzplatz zurück. Den angrenzenden Hausgiebel bedeckte das Abbild der Mühle. So, als ob sie noch immer hier stand.

Andere lasen während der Fahrt. Ik mücht dat Ut-de-Finster-Kieken, de Gedanken in dat Buten to bammeln, de Fantasie dran baumeln to laten. (Ich mochte das Aus-dem-Fenster-Gucken, die Gedanken in das Draußen zu hängen, die Phantasie daran baumeln zu lassen.)

Als die Tram auf dem Neuen Markt einfuhr, stand ich auf, drückte den Türknopf. Dann lag mein Blick wieder draußen.

Vor dem Weiß der Arkaden des Rathauses leuchtete rot ein Schal. Die Farbe floss ohne Verschlingung in zwei Bahnen über die schlanke Figur seines Trägers, bis zum Saum der Jacke. Seine linke Hand lag auf dem Kopf der lebensgroßen, bronzenen Schlange am Fuß der einen Säule des Portals. Hacken zusammen, Kopf im Nacken, zum Himmel das Gesicht, mit geschlossenen Augen, die andere Hand überm Herzen. – Ein Soldat der Herbstsonnenarmee.

Hastig stieg ich aus. – In Augenblicken konnte er von der Bildfläche verschwunden sein.

Als die Fahrgäste sich verlaufen hatten, war der noch immer da. Ich nahm die Richtung.

Er ist dein …, aber nicht der kürzeste Weg.

Dieses Spiel meiner Gedanken machte nun jeden Schritt zum Checker.

Brünettes Haar, nackenlang, ohne erkennbare Frisur, gut sitzende Bluejeans, sportlich elegant. Sonnengebräunter Teint betonte die fast eckige Kinnlinie. Eine Winzigkeit störte. Die Lederschuhe. Ihre Farbe konnte ich nicht für ein „Ton in Ton" mit dem Anthrazit der Jacke gelten lassen.

Ich schaute mich um, schien die Einzige mit solchem Denken, riss mich los, ging mit Abstand auf den Spitzen meiner Schuhe vorbei – wollte seine Andacht nicht stören – zu meinen Bankgeschäften in der Steinstraße.

Wenn er danach noch da ist, werde ich ihn ansprechen.

Bis zum Boden reichende Scheiben zeigten meine Silhouette in den Fenstern des Geldhauses. Ich ging langsamer, blieb stehen, drehte mich im Spiegel des Glases.

Die Haare nur glatt nach hinten gekämmt, kräuselten sich die Locken im Nacken ganz natürlich. Mein schwarzer Rock endete weit genug über den Knien, um meine Beine gut in den eng anliegenden hochhackigen Stiefeln zu präsentieren. Ich stellte mich ins Profil. Der Po könnte nicht so flach, etwas geformter sein. Die Hände legte ich auf den Bauch, stellte mich auf die Zehenspitzen.

Wie sagte meine beste Freundin doch immer, wenn ich mir diese Mäkelei selbst vorhielt: „Mit deinen Sorgen wären andere Frauen glücklich."

Ich musste noch nichts einziehen. Die kurze taillierte Lederjacke schmeichelte meinen Hüften. Extra aufhübschen? Nein, nur ein wenig Lippenrouge.

So mancher Mann hatte seine Blicke an mich verschenkt. Ich warf den Kopf zurück. Zufrieden stieß ich die Eingangstür auf. Als ich dann auf der gegenüberliegenden Seite des Marktes zurückkam, waren nur die Schlange und die Sonne noch dort. Ich war nicht enttäuscht, aber … war ich denn schon so …

Jetzt brauchte ich einen Kaffee; bog in die „Kröpi", überflog in Gedanken mein restliches Nachmittagsprogramm, in ordnung, es ging nur um das Wo. In die Rücken der Passanten auf dem Boulevard zeichnete sich etwas Bekanntes ab. Ein kaum wahrnehmbares Wippen der Hüften irritierte mich kurz. Es war seine Jacke, diese Gestalt, die zu braunen Schuhe. Langsam schloss ich auf.

„Na, hat es funktioniert? Entschuldigung, ich musste Sie einfach ansprechen."

Er schaute mich an. Die graublauen Augen passten in die Harmonie seines Gesichts.

„Bitte was?"

„Die Schlange am Kopf fassen und mit geschlossenen Augen die Sonne anbeten."

„Ja, es hat. Sie haben mich also beobachtet."

Ihm standen das Lächeln, die Wärme und volle Melodie seiner Stimme, das „Sächsistische" jener Hauptstadt an der Elbe darin, aus der ich ihn vermutete.

Dieses Wortspiel hatte sich mit dem Theaterstück, „Wie isser denn, dor Saggse?", festgesetzt.

„Nein, ich kam nur zufällig vorbei. Mit Ihrem Schal konnte ich Sie nicht übersehen. Kennen Sie denn auch die Bedeutung der Schlange?"

„Ich würde die Geschichte gern hören. Sie sind von hier?"

„Eine der Legenden besagt, die Bürger hätten sie einst dort für die Ratsherren angebracht. Sie verbanden damit die Hoffnung, dass diese nur kluge Entscheidungen zum Wohle ihrer Stadt träfen. Den Kopf der Schlange zu streicheln, soll Glück bringen."

„Dann habe ich ja alles richtig gemacht. Darf ich Sie zu einem Kaffee einladen?"

„Danke. Und ja, ich komme gerade von der Arbeit. Darf ich raten, Sie machen Urlaub?"

„Richtig."

„Dann haben Sie sich das beste Wetter ausgesucht. Es ist hier übrigens meist so, auch wenn südliche Wetterdienste etwas anderes vorhersagen." Schmunzelnd fuhr ich fort: „Stehen wirklich mal Wolken über der Stadt, dann fährt unsereins nach Warnemünde. Dort hat der Seewind sie schon weggepustet."

Sein Lächeln begegnete meinem unterm Glockenspiel am Fünfgiebelhaus.

„Wie geht es Ihnen, ich würde beim Kaffee gern draußen sitzen?"

„Ja, in der Sonne", bestätigte ich seinen Kurs. „Wir sind schon ein Stück zu weit."

Auf sein fragendes Gesicht lud meine Handbewegung ihn zum Umkehren ein.

„Na dann."

Direkt vor den langen Fenstern meiner Lieblingsbäckerei stand noch ein freier Tisch. Ich reservierte zwei Stühle, indem ich mein Schaltuch über die Sitze legte und den Leuten am Nachbartisch ein „Hallo" zunickte.

Mmh, in dieser Filiale würde ich gern arbeiten, hier spaziert das Leben den ganzen Tag ein und aus.

Ich sah mich um nach bekannten Kollegengesichtern. Es war mir nicht unrecht, keine zu finden. Da blieben fragende Blicke auf meine Begleitung aus, aber eigentlich …

Wir wählten am Tresen. Er entschied sich für Latte macchiato und Apfelkuchen mit Streuseln.

„Lassen Sie sich Ihr Stück auch warmmachen", empfahl ich.

Draußen saßen wir einander gegenüber. Er mit der Helligkeit im Gesicht.

„Wo …" Weiter kam ich nicht.

„Ihre Wahl sieht interessant aus."

„Mhm, der Kringel auf dem Milchschaum ist Karamellsirup."

„Das Muster erinnert mich an ein Schneckenhaus."

Für mich scheint er sich nicht zu interessieren. Schüchtern? Oder war das seine Masche? Manche Frauen flogen ja auf so was, und dann fällt er über sie her; ein Vergewaltiger, Mörder? Oder hat der ein anderes Problem?

Hei war daran schuld, dass das Thema immer noch in meinem Kopf kreiste. Damit hätte ich mich heute sowieso nicht verlieben können.

„Wir haben uns also beide für Apfel entschieden. Danke, warm schmeckt wie frisch aus dem Ofen."

„Ist er ja auch."

Gepflegte Zähne blitzten auf. – Wenigstens lachen kann er.

Ich ergriff eine neue Initiative: „Entschuldigung, ich hatte mich gar nicht vorgestellt. Ich bin Martina."

Kauend hob er seine Tasse und stieß sie gegen meine.

„Sie sind Künstler?"

„Mm, mm", schluckte er kopfschüttelnd den Bissen Kuchen mit Kaffee hinunter. „Um ehrlich zu sein, ich bin zurzeit auf der Suche nach mir selbst."

Und namenlos, fügten meine Gedanken an.

„Neunzehn Jahre habe ich in einer großen deutschen Bank funktioniert. Mein Hobby, Showtanz, war die einzige Tankstelle. Wir traten zum Beispiel gemeinsam mit dem Dresdner-Zwinger-Quartett auf. Es begann bei mir damit, dass ich nicht mehr abschalten konnte. Irgendwann musste ich das Tanzen aufgeben. Dann ging es ganz schnell bis zum Burnout."

„Darf ich fragen, was Sie dagegen tun, Tabletten?"

„Nein, Gott sei Dank habe ich nie mit irgendwelchen Mittelchen angefangen. Es ist schon verzwickt. Nach der Schulzeit wusste ich nicht, was ich werden wollte. Meine Mutter sagte, dann mache eine Wirtschaftsausbildung. Ich tat es, ohne Lust. Eigentlich wollte ich etwas mit Tieren machen. Es gab nur zwei Stellen. Ich hatte nicht den Mut, mich darauf zu bewerben. Immer tat ich nur das, was andere sagten; die letzten Jahre, den ganzen Tag eingesperrt in einem Büro.

Heute versuche ich herauszufinden, was ich will, was mir Spaß macht. Ich glaube, es ist wichtig, was man tut, zu lieben. Von meiner Yogalehrerin lernte ich, an mich zu denken, darauf zu hören, was in mir sagt: Das tut dir gut. Stück für Stück begann ich, mein Leben umzukrempeln. Zuerst ließ ich mich kündigen und hatte dabei Glück, betriebsbedingt."

Auf „Yoga" klebten manche unseres Geschlechts fest wie auf einer Fliegenfalle.

Ein Handy klingelte.

„Verzeihung …"

Aus der Innentasche seiner Jacke zog er ein Smartphone. Nach einem Blick auf das Display nahm er ab. – Charmant ist was anderes.

„Hallo. Ich bin in der Stadt. Ich weiß, wo das ist. In einer halben Stunde. Bis dann."

Er schob den linken Jackenärmel etwas zurück, schaute auf seine anthrazitfarbene Armbanduhr. Sah teuer aus, das Teil, es schien seine Lieblingsfarbe zu sein.

„Eine Freundin. Wir haben uns bei der Therapie kennengelernt. Sie hatte mich zu sich eingeladen. Wir treffen uns dann. Sie bringt mich zum Bahnhof. Ich reise heute ab."

Seine Lippen pressten sich aufeinander: „Schön, dass ich Sie kennengelernt habe." Er stand auf.

Nicht schon wieder ein Selbstverliebter wie mein Verflossener.

„Müssen wir aufbrechen?"

Er nickte.

Wir stellten unser Geschirr zurück und waren ganz selbstverständlich wieder in der alten Richtung auf der Bummelmeile unterwegs.

„Bisher dachte ich, nur in einer Stadt wie Dresden leben zu können. Inzwischen kann ich es mir auch hier vorstellen. Jeden Tag war ich am Meer, atmete den Duft, lauschte seinem Klang, genoss die Farben im Spiel mit dem Himmel. Eine Zeile in meiner Phantasie begleitete mich: am Meer, die Nase im Wind, schweigen still."

„Seit wann sind Sie hier?"

„Heute eine Woche. In zwei Stunden geht leider mein Zug. Ich möchte noch einige kleine Einkäufe machen." Er blieb vor dem Konsumtempel am Kröpeliner Tor stehen.

Seine Linke berührte kurz meine Schulter: „Wenn das Schicksal es will, werden wir uns wiedersehen."

Ich hob meine Hand und dachte: Möt nich sin, muss ich nicht haben. Schon verschmolz er mit der Front aus Glas. Eine Weile sann ich ihm kopfschüttelnd nach.

Wieder kam mir Hei in den Sinn. Vielleicht ein Kinderschänder? So wie er die Jungs eingeschüchtert hatte. Dann war der Polizei mit meiner Hilfe ein Verbrecher ins Netz gegangen. Eine weitere Seite des sich Einmischens, Nicht-Wegschauens? Für das friedliche Miteinander sind wir doch alle verantwortlich.

Hätte ich Mister Unbekannt etwas Nettes nachrufen sollen, ihn um seine Handynummer bitten? Nein, ich fand überhaupt nicht statt, bin doch keine aus seinem Töpferkurs. Da konnte nichts mit Kribbeln-im-Bauch aufkommen, kein Berührungsschauer, auch wenn er irre gut aussah. Was sollte ich mit seinem schönen Schein?

Dorbi, dat künnt wedder mal passeren, na mien Utenanner mit Ingo … (Dabei, das könnte wieder mal passieren, nach meinem Auseinander mit Ingo …)

Nasse Jacken, Regenschirme drängten herein, schauerten mich zurück in den Sommernachmittag auf meinem Lieblingssitz in der Feierabendbahn. Draußen ging ein Platzregen nieder.

Am Doberaner Platz stand die Tram immer etwas länger, wartete auf die Umsteiger aus den anderen Linien, die sich hier trafen.

Karl-Theodor Hackenberg

Samstagmorgen. Der Himmel trug schwere Wolken. Sie walzten sich von Osten heran, obwohl der Wind hier unten westlich blies. Mit dem Dienstag vor zwei Wochen hatte ebenjene Angelegenheit für mich begonnen.

Bei der täglichen Betrachtung der kriminalpolizeilichen Lage war eine Häufung gleichartiger Einbruchsdiebstähle in Siedlungshäusern aufgefallen. Das Ergebnis der Auswertung in der Beratungsrunde beim K-Leiter lud Ulf bei mir ab.

„Wer viel kann, muss viel tun."

Damit ließ er den Stapel Anzeigen auf den viereckigen Beistelltisch vor meinem Schreibtisch plumpsen. Ich konnte gerade noch die Sachen darauf zur Seite raffen; den Stapel weißen Schreibpapiers auf der Hälfte der Tischbreite, akkurat an der Kante ausgerichtet, darauf ein Kugelschreiber, daneben, zur Mitte hin geordnet, Belehrungsmusterformulare für Zeugen, Beschuldigte und das Merkblatt für Opfer einer Straftat. Letzteres schloss mit der gegenüberliegenden Tischkante exakt ab.

Die unterschiedlichen Reaktionen meiner Gegenüber auf diese Anordnung, oftmals nur Blicke, nutzte ich gern für einen ersten Gesprächskontakt.

„Der Chef hat entschieden, wir übernehmen die zentrale Bearbeitung."

„Un we, dat bün ik?"

„So viel Platt verstehe ich. Wer sonst? Unsere junge Kollegin hat Burnout, einer ist zum Lehrgang, die Stelle unseres Pensionärs wird nicht neu besetzt; ich habe keinen, den ich dir dazugeben kann; falls du das von mir wissen wolltest."

„Danke, mein lieber Chef, aber alles andere muss dann warten. Nur, wenn ich ‚Bearbeitung' höre, klingen mir die Worte unseres Ersten in der Riege der Helden aus dem Westen in den

Ohren: ‚Kriminalität wird nicht bekämpft, sie wird verwaltet.'
Wir wissen, dass er damit wenigstens in die Geschichte der Ausschreitungen von Lichtenhagen als der ‚Hemdwechsler' einging."

„Und zwei Jahre später, als jener welcher, der die Dienste im Warnemünder Bordell ‚Bienenstock' per Scheck beglich", drängelte Ulf sich wichtig.

„Nicht doch, dann hat sich der Wind in der Chefetage gedreht?"

„Ich nehme deine mündliche Überlastungsanzeige zu meiner Kenntnis. Aber: Würdest du weniger mit mir rumpalavern, könntest du mehr schaffen." Ulf kehrte, nicht ganz ernst gemeint, den Chef heraus. „Ja, ich, einer der Willigen, geführt von den Unwissenden, tue das Unmögliche für die Undankbaren. Und ich habe so lange so viel mit so wenig vollbracht, dass ich inzwischen in der Lage bin, alles mit nichts zu erreichen."

„Da kannst du sehen, wie Geschichte sich wiederholt, das wusste schon … na sag", Ulf schnipste mit den Fingern.

„Puschkin."

„Geht doch."

Er griente als ein Primelpott und entschwand durch die von ihm offen gelassene Tür.

Seit diesem Dienstag hatte ich den Haufen Anzeigen in vier Hümpel studiert-sortiert. Jeder repräsentierte ein Revier der Stadt, dessen örtliche Zuständigkeit.

Die tabellarische Übersicht typischer Merkmale der einzelnen Taten lag auf einem Blatt ausgedruckt vor mir. Gestern trug ich Tat Nummer zweiundvierzig ein.

Heute war Freitag.

Vom Schreibtisch rollte ich ein Stück im Sessel zurück, legte meine Beine hoch, die Füße übereinander, schloss die Augen zu einem schmalen Schlitz, drückte meinen Kopf in die zurückweichende Lehne.

Oftmals schlummerten im sogenannten Wahrnehmbarkeitsbereich eines Tatortes Kenntnisse, die für die Feststellenden erst nach dem Wissen von einer Tat mit dieser in Zusammenhang gebracht werden konnten.

Hatte ich vor Ort nicht die richtigen Hundebesitzer getroffen, mit der verkehrten Postfrau oder dem falschen Zeitungszusteller gesprochen?

Nicht einen brauchbaren Hinweis, zum Beispiel darauf, dass jemand die Siedlungen ausbaldowerte.

Das Ende des Fadens, an dem man nur zu ziehen brauchte, und dann fügte sich alles ganz logisch aneinander, lag irgendwo in den Reihen und Spalten meiner Übersicht. Nur, mir fehlte der Blick dafür.

Draußen hatte der Wind zum Herbststurm aufgebrist, zottelte Blätter von den Bäumen. Genau das richtige Wetter, um mir den Kopf freipusten zu lassen.

Ich stieg in den Dienstwagen, fuhr Richtung Warnemünde, parkte an der Promenade. Zwischen „Teepott" und Schusters Strandbar lief ich über die Düne. Die Sonne warf Schlaglichter …

Wind brauste Igelsand
deine Lippen schmeckten nach frischer Milch –
wirst mich damit immer aus der Fassung bringen
zwei Hände entnahm ich dem Meer
jeden Zentimeter deiner Haut sie kennen –
durstlöschender Kelch
schwere Tropfen klatschten mir ins Gesicht …

Ein dicker Pott schob sich durch die Molenfeuer Richtung Hafen. Wie das grüne Licht dem roten lag die Hausnummer 1 der 2 gegenüber. Dann hatten der oder die Täter Häuser jeweils nur einer Straßenseite angegriffen.

Ein Gedankenkuss an dich und schon …

Aber warum?

Eilig machte ich kehrt. Kaum im Auto prasselte Regen nieder. Die Räder rollten patschend durch Pfützen.

Der nord-westliche Tatortbereich, die Grabower Straße, lag am dichtesten.

1942 als Stalingrad-Siedlung für die Beschäftigten der Rüstungsbetriebe in Warnemünde entstanden, umschlossen die Häuser-Allee seit den 1970er-Jahren Plattenbauten des Neubaugebietes Lichtenhagen.

Ich stellte dieses Mal meinen Wagen außerhalb ab, schlüpfte in die Rolle des Täters, näherte mich aus der vermeintlich selben Richtung und in seiner Reihenfolge den Grundstücken. Auf dem gemauerten Zaunpfeiler des Grundstücks mit der Hausnummer 1 entdeckte ich ein unauffälliges Zeichen. Drei parallele leicht schräg nach rechts mit weißer Kreide gezeichnete Striche. Ich suchte entlang dieser Seite der Straße nach einem weiteren. Am anderen Ende fand ich das Gleiche an einem Laternenpfahl. Nun nahm ich mir die gegenüberliegende Straßenseite vor. Fehlanzeige. An den anderen drei Tatorten das gleiche Bild. Im Büro zurück, fand ich meine Vermutung bestätigt. Es war *Rotwelsch*, die alte Sprache der Vagabunden, Dirnen und Gauner.

Ein Mitteilungszinken, der bedeutete: *bereits beurlaubt*; übersetzt: schon beklaut.

Ich schloss die Augen. Dabei fiel mir der alte Witz ein: Was ist, wenn ein Kriminalist mit geschlossenen Augen im Schreibtischsessel sitzt? Er denkt intensiv nach.

Welches schien die meistversprechende Ermittlungsversion?

Diese fast vergessene Zeichensprache nutzten insbesondere osteuropäische Banden.

Sie kamen wie ein Sommergewitter und verschwanden ebenso rasch. Zuletzt hatten sie im Norden in den Randgebieten Hamburgs einzeln stehende Häuser heimgesucht. Der oder die Täter bei uns scheuten kein dicht bebautes Wohngebiet, wechselten das

Spielfeld wöchentlich, von einem Ufer der Warnow zum anderen. Das sah mir eher nach einem Verwirrspiel Ortskundiger aus. Wollte man so Zeit gewinnen, um sich mit ausreichend Beute tot zu stellen, bevor polizeiliche Maßnahmen anliefen? Wer darauf baute, glaubte zu wissen, wie die Polizei tickte. Aber wozu der Zinken?

Ich nahm mir ein leeres Blatt Papier, schrieb die Frage oben hin, teilte es durch einen Linealstrich und trug auf der linken Seite Antworten mit Stabstrich ein: eine falsche Fährte legen; die Eitelkeit, besonders zu sein; Markieren der ausgebeuteten Straßenseite. Mir gefielen alle drei. Rechts stellte ich die bekannten Fakten gegenüber: durchweg anderthalbgeschossige Gebäude; Hauseingangstür aus Plaste oder ältere Holztür; durch die Bebauung begünstigte Fluchtmöglichkeit.

Die Türen hatten erfahrungsgemäß einem Aufhebeln geringen Widerstand entgegenzusetzen und die Art des Aufbruchs verursachte kaum Lärm. Nichts schien dem Zufall überlassen. Das roch förmlich nach einem Täter, der seine früheren Fehler nicht wiederholen wollte.

Wem war solch ein Projekt zuzutrauen?

Vielleicht glaubte er, damit dieses Mal den Plan aller Pläne gefunden zu haben. Die Nummer stank nach … Mir lag etwas in den Gedanken, das sich nicht fassen ließ, wie ein Wort auf der Zunge, aber es kam nicht auf die Lippen.

Dass der Täter uns in seinem Katz-und-Maus-Spiel ein fünftes Wohngebiet anbieten würde, dagegen sprachen sachlich sein bisheriger Aufwand – und mein Bauchgefühl.

Hatte der sich mit dem Zinken die abgeschöpfte Seite der Straße markiert, lautete die wichtigste Frage: Wann und in welchem Bereich würde er zuerst auf der anderen zuschlagen? Darauf musste ich schnell eine Antwort finden.

Alle Schlafräume befanden sich in der oberen Etage. Folglich lagen die Tatzeiten zwischen dem Zubettgehen und dem morgendlichen Bemerken.

An der Verteilung der Tatnächte ließ sich nur die eine Regel ablesen: Er war von Montag auf Dienstag bis Donnerstag auf Freitag aktiv.

Es lief gut für den Täter. Das würde ihn hoffentlich in Versuchung führen. Hochmut und Gier, zwei der biblischen Todsünden und alte Weggenossen nicht nur des Ganoven, wurden naturgemäß nie ins Kalkül gezogen.

Wie hatte schon mein Kompaniechef im Motorisierten Schützenregiment in der Kopernikusstraße gesagt: „Der Plan ist für den Arsch und der BH für die Brust."

Ich hatte mich intuitiv entschieden für den Tatort Nummer eins, die Lichtenhäger Siedlung. Nun musste ich mich beeilen. Wenn ich den Antrag auf Observation sofort schrieb und per Mail dem K-Leiter schickte, hatte ich nach der Frühberatung am Montag alle Unterschriften. Aber hätte ich dann auch Leute?

Ein Anruf im entsprechenden Kommissariat brachte mir die Zusicherung: „Zwei Mann, aber nur bis Mittwoch."

Fast wäre die Falle schon an dem Montag zugeschnappt.

Gegen 22:00 Uhr beobachten die eingesetzten Kräfte im Restlicht der Straßenbeleuchtung einen Schatten, der sich auf einem der Grundstücke bewegte. Kurz darauf durchschritt eine Person eilig den Lichtkegel einer Laterne. Bevor die Beamten heranwaren, verschwand die Gestalt in der Dunkelheit. Aufgrund der Haltung und des Ganges legten sie sich auf eine männliche Person fest. Die sofortige Prüfung ergab, dass der Unbekannte nicht zu dem Haus gehörte. Noch etwas sprach dafür, dass es sich um unseren Täter handelte. Es war die richtige Straßenseite, und es gab nur diese eine Tat in der Nacht. Das konnte gleichzeitig heißen, die polizeiliche Aktion war durch den Täter bemerkt worden. Als eine mögliche Bestätigung passierte an den folgenden Tagen der Woche nichts.

Das Markante an der Beschreibung des Täters war seine Kleidung, wenn – einheitliches Grau – auf den ersten Blick auch nicht auffallend schien.

Meine Erfahrung hatte mich gelehrt, die kriminalhandwerklichen Routineschritte abzuarbeiten, egal wie gut oder schlecht die Ermittlungen liefen. Was gut aussah, wurde oft nichts, und dort, wo man nichts erwartete, fand sich manchmal das entscheidende Puzzleteil. So trug mancher Delinquent ewig dieselben Klamotten oder hatte seine Lieblingsfarbe.

Das Rechercheprogramm der Datenbank der bekannten aktiven Täter konnte damit nichts anfangen. Bei der Eingabe der Kriterien behielt ich deshalb dieses Merkmal im Hinterkopf. Ich wählte aus: Einbrecher, Wohnsitz in Rostock, scheinbares Alter dreißig bis fünfzig Jahre, 160–170 cm groß, schlanke Gestalt. Das System spuckte achtzig Datensätze aus. Ich hoffte bei jedem auf ein Gesicht, einen Namen, der meinen Gedanken auf die Sprünge half. Schließlich musste ich die Maßnahme mit dem Vermerk „negativ" abhaken.

Doch inzwischen lief die Zeit gegen den Täter. Bei seiner letzten Tat hatte er den Fehler gemacht, auf den ich gewartet hatte. Statt, wie bis dahin, nur Bargeld aus der Bekleidung in den Flurgarderoben zu entwenden, ließ er aus einer Schale einen goldenen Ring mitgehen. Steckte dahinter eine Freundin, die mit dem Geld gekommen war?

Dann würde er weitermachen müssen. Und mir musste etwas einfallen, ohne Spezialkräfte, an diesem Schon-wieder-Freitag. Auch Rostock, die größte Stadt im Land, musste mit der zunehmenden Personalverknappung in der Polizei umgehen. Dabei geriet der gesetzliche Auftrag, Straftaten zu erforschen, also das Ermitteln einer Fährte und dann Draufbleiben, aus Mangel an

Zeit immer mehr ins Hintertreffen. „Verfahrensökonomie" hieß die neue Art, Strafanzeigen nachzugehen.

Die Justiz versuchte das seit 2009 mit strafprozessualen Deals, die Flut der Verfahren in einem akzeptablen Zeitraum zu bewältigen.

Dem Kriminalisten, der dem Anzeigenberg der sogenannten Massenkriminalität auf seinem Schreibtisch irgendwie Herr werden musste, welches Werkzeug blieb dem? Zu diesen Delikten zählte auch der Wohnungseinbruchsdiebstahl. In der Regel wurden solche Tatorte aus Personalmangel dem Schutzmann überlassen. Der sich mühte, aber nicht redlich konnte, denn er wusste, ein Spezialist für die Spurensuche und -sicherung war er nicht. Seitdem die Einbrüche in den Siedlungen einer zentralen Bearbeitung unterlagen, hatte ich dort die kriminalpolizeiliche Tatortarbeit durchsetzen können. Zu Kapitalverbrechen und öffentlichkeitswirksamen Straftaten wie diesen, gelang es noch Kräfte zu bündeln. In die Fläche der Massendelikte rissen sie weitere Zeitlöcher. – Die waren schon lange nicht mehr zu stopfen.

2011 hatte der Gesetzgeber auch noch das Strafmaß für Wohnungseinbruch aufgeweicht, obwohl die Unverletzlichkeit der Wohnung nach dem Grundgesetz besonders geschützt ist.

Gingen Recht und Gesetz den Bach runter? Waren das summa summarum die Zeichen des Anfangs vom Ende eines möglichst angstfreien Miteinanders, unseres zivilisatorischen Fortschritts? Da konnte einem der Hut hochgehen, den man nicht trug!

Ich hatte genug Dampf abgelassen.

Es gab eine doppelte Zuständigkeit der Polizeien.

Die Grenzfahndung und die Abwehr von Gefahren endeten für die Bundespolizei nicht an der Meeresküste, sondern reichten an den Landesgrenzen bis 30 km und an Seegrenzen bis 50 km ins Landesinnere. Das deckte einen großen Teil des Territoriums unseres Landes ab und blieb auch nach dem Schengener Abkommen ein wichtiges Element der Bekämpfung grenzüberschreitender, zum großen Teil organisierter Kriminalität.

Holger, ein gelernter Kriminalist und ehemaliger Kollege, war Leiter der Ermittlungsgruppe in der Rostocker Behörde. Ich wollte diese Informationsquelle nicht ungenutzt lassen.

Wir verabredeten uns im Café Lotte: „Matthias, in deiner Sache telefoniere ich gleich mit meinen Leuten. Ich habe noch einen Termin in der Staatsanwaltschaft. Gib mir eine Stunde."

Ich war vor ihm da, setzte mich an den freien Vierertisch hinten links und lehnte mich auf der Sitzbank zurück. Vor bodentiefen Fenstern reihten sich stählerne genietete Streben. Die reichten bis zur Decke. – Das Haus soll früher mal eine Bank gewesen sein. Zwischen einigen dieser braun gestrichenen Stützen markierten rote Kissen Fenstersitzbänke vor runden Tischen. Darüber hinweg blickte ich auf das Verkehrsdreieck des Doberaner Platzes, mit seinem …

ankommen
erreichen, landen, beenden
weiterreisen, teilnehmen
spazieren, stolzieren – ohne Ziel
gehen …

Dieses Versinken glättete meine Nerven.

In dem mir am nächsten stehenden Tisch entdeckte ich ein in die Tischplatte eingearbeitetes Mühlespiel. Die Linien der ineinanderliegenden Quadranten fingen meine Gedanken.

Holger hatte ich das letzte Mal beim G-8-Gipfel in Heiligendamm gesehen, zwischendurch reichte es nur für Telefonate. Als Verbindungsmann der Bundespolizeibehörde gehörte er seinerzeit zu unserem Team der Öffentlichkeitsarbeit.

„Mensch, ich habe heute noch kein Frühstück gehabt", umarmte er mich als Begrüßung, „ich werde mir Spiegeleier bestellen. Die hellen Brötchen sind hier besonders gut."

Ich war aufgestanden und erwiderte seine Herzlichkeit. Dabei warf er seine Tasche in einen der Sessel am Tisch und bestellte per Zuruf. – Man schien sich zu kennen.

Holger, in meinem Alter, kam etwas kugelig daher. Er erinnerte mich auch jetzt wieder an „Pittiplatsch". Nur, dass der keinen Oberlippenbart trug.

Er nahm seinen Pott Kaffee vom Tresen, schwarz, ohne Zucker, und setzte sich neben mich.

„Wir haben keine Hinweise auf Täter, die die alten Ganovenzeichen verwenden."

„Und was gibt es sonst so bei der Polizei unseres Bundes?"

„Ich hab mich heute geärgert."

Er trank einen Schluck.

„Meine beste Zivilstreife, gestern, sie fährt in Richtung Grenze, um auf der ‚Einreisespur' zu fahnden. Plötzlich überholt sie ein VW Golf mit Berliner Kennzeichen. Den geübten Augen der Beamten fällt sofort das jugendliche Alter des Fahrers auf. Die Überprüfung des Kennzeichens ergibt eine Ausschreibung des Fahrzeuges wegen Diebstahls. Nach dem Legalitätsprinzip müssen sie jetzt handeln. Blaulicht aufs Dach. Ich mach's kurz. Der Golf erhöht die Geschwindigkeit, versucht sich so der Kontrolle zu entziehen. Zwei Anhalteversuche scheitern. Der Golf überholt mal rechts, mal links, gefährlich für sich, meine Leute und die anderen Verkehrsteilnehmer. Plötzlich bremst er voll auf der Überholspur, mit qualmenden Reifen. Der Fahrer reißt die Tür auf, springt über die Leitplanke und verschwindet in einer dichten Kiefernschonung."

Seine Eier kamen.

„Oh, vielen Dank."

Ich nahm einen Schluck von meinem Caffè Latte.

„Das ist ja filmreif."

„Es kommt noch besser", erzählte Holger, zwischen Gabeln mit Ei und Bissen vom hellen Brötchen kauend, weiter.

„Der Golf wird von der zuständigen Landespolizei übernommen. Im Schloss steckte ein Polenschlüssel. Du kennst ja die grob der Schlüsselbartform entsprechenden Bits, die in das Schloss geschlagen werden. Einmal Überdrehen, schon ist der Wagen offen."

Ich nickte: „Die Spurensicherung findet vielleicht Brauchbares."

„Jetzt kommt der Hammer. Nach der Frühberatung heute Morgen nahm mein Chef mich zur Seite: ‚Deine Leute sollten sich auf die Grenzfahndung konzentrieren. Autodiebstahl ist unerwünschter Beifang.'"

„Starker Tobak."

„Soll ich das etwa den Jungs sagen? Aber ich weiß, was dahintersteckt. Seit, wie bei euch, die Behördenbudgets eingeführt wurden und diese jährlich sinken, sind Beamte, die gestohlene Pkw oder andere Beute sicherstellen, nur solche, die den Haushalt belasten."

Genüsslich aß Holger den Rest seiner Mahlzeit.

„Man spricht, bei euch stehen Streifenwagen wegen Spritsparvorgaben auf dem Hof."

Er nickte wie ein Schaukelpferd: „Ich kann froh sein, dass die Jungs an ihrem Fahrzeug keinen Schaden haben. Wenn das Säckel alle ist, werden wohlmöglich am Ende noch Beförderungen ausgesetzt."

Zum Feierabend schaute ich noch einmal in die Leitstelle des Reviers. Eikes Schicht war dran.

Den Lebensjahren nach könnte der mein Sohn sein.

Ich wünschte ihm eine ruhige Wache. Schon im Gehen hörte ich über Funk die Personenabfrage zu einem Hackenberg, Karl-Theodor. Sofort wusste ich: Er war meine Ahnung. Ihm traute ich den Zinken zu, die ganze Aktion.

„Wo haben deine Leute ihn an Land gezogen?"

„An der Straßenbahnhaltestelle Dierkower Kreuz. Er soll dort betrunken wartende Schulkinder bedroht haben. Kennst du ihn?"

„Zu gut, um nach über zwanzig Jahren auf Tauchstation an einen Zufall zu glauben. Bis zur politischen Wende hatte der uns fast wöchentlich beschäftigt. Hast du schon seine Daten?"

Eike legte einen Finger unter die Zeile seiner Notizen, während er mit der anderen Hand die Computerabfrage eintippte.

Ich las: 11.01.1965 in Rostock, Lübeck, Neustraße 1; 2,4 Promille.

„Das ist er. Mit diesem Wohnsitz konnte der in meiner Recherche ja nicht rausfallen."

Eike sah zu mir rüber.

„Die Einbrüche in Eigenheime?"

„Ja. Ich brauche seine Personenbeschreibung. Und ob er allein unterwegs war?"

Eike nickte und drückte die Sprechtaste: „Fahndung und Verhaftung negativ." Der Wortlaut wurde am anderen Ende wiederholt.

„Gebt mal seine Personenbeschreibung durch."

„Er sieht älter aus, zehn Jahre drauf, schlank, braun-graue Hose und Jacke, ziemlich unsauber, keine besonderen Merkmale."

„Die passt auf die Beschreibung meines Täters."

„Mitbringen", schaltete Eike.

„War er mit jemandem unterwegs?", ergänzte ich ins Mikro.

„Mit einer Frau. Laut Zeugin war die nicht an der Sache beteiligt."

Eike schaute zu mir.

„Könnte seine Komplizin oder eine wichtige Zeugin sein."

„Getrennt einladen. Achtet darauf, dass sie sich nicht untereinander verständigen können. Ich schicke euch einen zweiten Wagen."

Ich nickte zur Bestätigung.

„Ihn zuerst, Matthias?"

„Nein, in die Zelle. Ich brauche den nüchtern. Ich rede erst mit ihr. Danke, gute Arbeit."

***

Ein Stockwerk höher, in meinem Büro, hatte ich das Fenster geöffnet. Der Rasen und die Hecke im Hof standen in sattem Grün …

Hacke, wie er im damaligen Kollegenkreis hieß, war mir, noch jung in der Branche, als wiederholt wegen Diebstahl verurteilter Kleinkrimineller, ein sogenannter 48er, zugeteilt worden. Das Gericht hatte gemäß dem gleichlautenden Paragraphen im Strafgesetzbuch „zur Verhütung erneuter Straffälligkeit" zusätzlich auf staatliche Kontrollmaßnahmen durch die Polizei erkannt. Der Leiter der zuständigen Polizeidienststelle erhielt durch diese gerichtliche Entscheidung das Recht, Auflagen zu erteilen. So war ich beauftragt, Hacke einmal im Monat unangemeldet aufzusuchen und seine Wohnung auf Diebesgut zu überprüfen. Manchmal sahen wir uns öfter.

Eines Nachts hatte ihn eine Fußstreife gegen 01:00 Uhr schwer tragend an einem Münzfernsprecher aus einer Telefonzelle in der Waldemarstraße angehalten, eine Ecke entfernt von seiner Wohnung in der Margaretenstraße. Berichtet wurde, ehe sie selbst zu Wort gekommen seien, habe Hacke sie erfreut angesprochen: „Gut, dass Sie kommen, meine Herren, ich bin gerade auf dem Weg zu Ihnen. Das Ding lag mitten auf dem Fußweg." Als die Wachtmeister, die ihn kannten, darauf aufmerksam machten, dass er dann aber in der falschen Richtung unterwegs sei, habe Hacke sich verdutzt umgesehen und treuherzig gemeint: „Das muss die Aufregung sein."

Es gab keinen Grund, ihn auf der Dienststelle festzuhalten. Seine Gaunerstücke beging Hacke immer nüchtern und allein. – Die meisten Ganoven verübten ihre Taten erst unter Einfluss von Alkohol oder anderen Drogen.

Er war Quartalstrinker, aber dann soff er sich zu Hause einen an.

Als Hacke am nächsten Vormittag zur Vernehmung vor mir saß, stand eine braune Aktentasche neben seinem Stuhl. Wernher, mein Lehrwachtmeister, wie das damals hieß, hatte mich gewarnt: „Der hat immer was Neues drauf."

Ich fragte mich, wozu brauchte der, einer, der in kein Büro und auch sonst keiner geregelten Arbeit nachging, solch eine Tasche.

„Karl-Theodor, aus Sicherheitsgründen möchte ich mir gern einmal Ihre Aktentasche anschauen."

Ich trat hinter meinem Tisch hervor.

„Bitte", Hacke öffnete beflissen den Reißverschluss, „da ist nur mein Radio drin. Das will ich zur Reparatur bringen."

Auf mein Verlangen stellte er es auf den Tisch.

„Das ist aber ein Kassettenrecorder."

„Ja natürlich, nur das Radio will manchmal nicht."

Das Gerät war eingeschaltet, und das Band lief. Hacke hatte, wie nicht anders zu erwarten, auch dafür eine Erklärung.

„Entschuldigung, ich muss aus Versehen eine Taste gedrückt haben."

Vor dem geöffneten Fenster meines Büros segelte eine Möwe vorbei. Es klopfte.

„Herein!"

Eine Person mit eingezogenen Schultern wurde von einer jungen Oberwachtmeisterin ins Zimmer geschoben. Ich bedeutete ihr mit der Hand sich zu setzen, während ich den Ausweis, die Effekten und die Kopie der handschriftlichen Notizen der Kollegen vor Ort entgegennahm.

Die Frau schien sich und ihre Kleidung ewig nicht gewaschen zu haben. Sie hielt den Blick gesenkt, saß auf den Händen, die Finger zwischen Sitzfläche und die Oberschenkel geklemmt. Ich stellte mich vor und bat darum zu erklären, in welchem Verhältnis sie zu Herrn Hackenberg stehe. Sie hob den Blick und steckte die Finger vor dem Bauch ineinander, als wolle sie sich selbst beschwören.

Ich versuchte es anders: „Woher haben Sie den schönen Ring?" Dazu legte ich ihn in einer Plastetüte vor ihr auf den Tisch.

„Ich wusste, dass er lügt, wenn er sagt, der gehörte seiner Mutter." Und nach einer kurzen Pause, in der man ihr das Überlegen ansah: „Ich bin nicht mehr seine Verlobte."

Samstagmorgen.

„Oh, Herr Kommissar, gut, dass Sie es sind. Sie kennen mich. Bin ich denn ein schlechter Mensch? Gut, damals, ich war jung, nur ein kleiner Ganove. Als der Eiserne Vorhang fiel, bin ich rüber in den Westen. Seitdem habe ich mein Geld redlich verdient, habe malocht als Schausteller und im Zirkus. Ich bin nur hier, um eine alte Freundin zu besuchen."

„Ihre Belehrung." Ich schob Hacke das Formular und einen Kugelschreiber über den Tisch.

Er nahm es zur Hand und las.

„Daran hat sich ja nichts Großartiges geändert. Wo soll ich unterschreiben?"

Hacke legte das Papier und beide Arme auf den Tisch.

„Unten, über Ihrem Namen."

„Wir hatten eine kleine Feierlichkeit. Ich wollte den Jungs doch kein Haar krümmen. Nur einen Denkzettel, Herr Kommissar. Dürfen die sich lustig machen? Ja, meine Kluft, die hat etwas gelitten. Bin eben kein feiner Pinkel wie die Bubis."

„Wie heißt diese Freundin?"

„Herr Kommissar, die alten Geschichten sind verjährt. Ich bin *ausgefackelt*, stehe nicht zur Fahndung."

„In welcher Beziehung stehen Sie zu der Person in Ihrer Begleitung?"

„Sie ist meine *Schickse*, wir sind verlobt."

„Seit wann?"

„Seit einer Woche."

„Ich gratuliere. Hmm, wie soll ich Sie ansprechen? Herr Hackenberg, oder wie früher, mit Vornamen und per Sie?"

„Ich erinnere mich. Sie hatten schon damals nichts Persönliches gegen mich und waren immer freundlich und *pari*, fair. Ich will Ihnen Ihre Arbeit nicht erschweren. Was heutzutage an Verbrechern herumläuft, da haben Sie Besseres zu tun, als sich mit mir zu befassen. Ich bin ein Bürger, der *frank*, frei ist."

Er hatte nichts verlernt.

„Sie tragen keinen Verlobungsring? Ihre Partnerin trägt einen sehr schönen."

„Sehen Sie, Herr Kommissar …"

„Ich darf Sie unterbrechen, Karl-Theodor. Sie haben ein paar Fehler gemacht, und ich habe Sie dabei erwischt. Deshalb sitzen Sie auf diesem Stuhl. Darf ich Ihnen etwas vorschlagen?"

Hacke nickte mit gnädiger Miene.

Dem Stapel weißen Papiers auf dem Tisch entnahm ich einige Blätter, drückte den Stift schreibbereit und legte beides vor Hacke hin.

„Die Beichte. Oder wie nennen Sie es? Da Sie die Sprache der Ganoven sprechen, kennen Sie auch deren Zeichen."

Ich zeigte Hacke das Foto mit dem Zinken.

„Vielleicht hilft Ihnen das. Bevor Sie eine Geschichte auftischen."

Hacke warf nur einen langen Blick darauf.

„Während Sie, Karl-Theodor, den Rausch ausschliefen, fanden wir in der Wohnung Ihrer Liebsten Kreide. Ich bin zuversichtlich, unsere Kriminaltechniker werden beweisen, dass der Zinken auf dem Bild damit aufgebracht wurde."

Ich ließ meine Worte einige Sekunden wirken und legte dann nach.

„Übrigens, Ihre Verlobte ist gar nicht gut auf Sie zu sprechen."

„Ehrlich sitzt am längsten. Meinten Sie das, Herr Kommissar?"

„Es geht darum, welche Figur Sie vor dem Richter machen. Ich frage Sie: Warum sind Sie nach so langer Zeit rückfällig geworden?"

Hacke machte keine Anstalten, etwas dazu zu sagen. Ich stand auf: „Einen Kaffee?"

„Danke, Herr Kommissar."

„Karl-Theodor, lassen Sie die Hosen runter und alles raus, was nach mildernden Umständen riecht."

Ich setzte mich wieder und wartete. Das Telefon klingelte: „Danke, ich melde mich."

„Diese Schweine. Das war mein Leben, Herr Kommissar. Sie wollten mich um den Mindestlohn *runtzen*, bescheißen. Wer *nicht von der Reise kommt*, aus deren Welt kommt, gehört nie richtig dazu. Ich hatte die Lektion begriffen und in den Sack gehauen. Besoff mich erst mal richtig. Dann heckte ich diesen Plan aus."

„Den erzählen Sie am besten dem Haftrichter. Der wartet schon auf Sie."

„Die Weiber, Herr Kommissar, bei dem *fuchsenen Gaderling*."

„Auf Ihre alten Tage solch ein Blödsinn, einen goldenen Ring!"

„Scheint, dass ich den *Schwarzen Peter* habe."

Hacke trank seinen Kaffee aus: „Ich weiß gar nicht mehr, wie das ist, *krachen zu gehen*."

Ich schaltete das Aufzeichnungsgerät ab, griff zum Telefonhörer. Kurz darauf standen zwei Beamte des Reviers im Türrahmen.

„Kommen Sie, Herr Hackenberg." Die Stahlfesseln der Handschelle klickten um die Hände auf dem Rücken.

„Wir fahren gemeinsam."

Die Organisation

Die Flügel der Eingangstür des Salons öffneten und schlossen sich, schienen ihn hereinzuschieben. Gleichsam im Eintreten hatte der seine braune Lederjacke ausgezogen und hängte sie mit der Geste des Alltäglichen über einen Haken der Wandgarderobe. Breitbeinig blieb er vor dem Tresen stehen, mein ehemaliger Chef.

Unter der linken Achsel klemmte eine zur Rohrpostgröße gefaltete Zeitung, zusätzlich hielten sie die verschränkten Arme fest. Sein Blick richtete sich auf die Blondierte hinter der Empfangsbarriere.

Der kleine Mann mit breiter Nase und großen Ohren, Geheimratsecken, das über der hohen Stirn graue, glatt nach hinten liegende Haar, borstige Brauen über den dunklen Augen, erinnern mich an meinen Großvater.

Das war schon damals so, als ich meinem Chef zum ersten Mal begegnete. – Nur die Falten lagen jetzt tiefer.

Hatte er beim Hereinkommen gegrüßt? Nö.

Seine von Nadelstreifen durchzogene graue Stoffhose saß schlotterig um die Beine. Ein Zweireiher verdeckte den Hosenbund. Das klecksige Muster des Binders traf den Fliederton des Jacketts. Einfach schloss der das cremefarbene Hemd bis zum Hals.

Sie starrte auf den Bildschirm vor sich, ohne ihn mit einem Bemerken zu würdigen.

Phantasielos endete ihr Haar in einem Knoten im Nacken. Zu stark aufgetragenes Make-up konnte diesen Makel auch nicht wettmachen.

„… es kann tödlich sein", fielen mir die Worte aus der Überschrift eines Artikels gegen Tierversuche für Kosmetik ein.

Unauffällig spähte ich in die Runde. Meinen gemeinen Gedanken hatte mir hoffentlich niemand angesehen.

Schätzungsweise um die vierzig, könnte die „Hier zu wenig und da zu viel" toll aussehen.

Meine Frisörin gehörte zu den beiden jungen Leuten, die als „Gesichter des Jahres" auf einem Poster im Schaufenster für das Unternehmen warben. Statt anonym-langweiliger Frisurköpfe in anderen Läden dieser Zunft hatte ihr Bild mich vor einigen Wochen hereingelockt. Ich musste mich damit anfreunden, dass die bedienenden Damen auf dem Titel „Friseurin" bestanden, weil „Frisöse" mit der politischen Wende angeblich einen anzüglichen Beigeschmack bekommen habe.

Hmm … der Name meines Exchefs fiel mir immer noch nicht ein, na, das gab's doch nicht – Dr. Alzheimer ließ grüßen … also, er schob seinen Unterkiefer nach vorn, zog die Mundwinkel herab, verschränkte die Arme andersherum, steckte die Hände nun unter die Achseln, die Rechte griff dabei die Zeitung. Seine Füße steckten in schwarzen Halbschuhen mit Flechtmuster, wippten den ganzen Mann.

Wollte die Ungeduld in ihm Schwung holen für … einen Sprung auf den Tresen?

Ich richtete meinen Blick starr auf ihn, riss die Augen auf, versuchte so die Kraft meiner Gedanken auf ihn zu übertragen.

Durch das Rumgehampel wirkte er wie ein bockiges Kerlchen, das jeden Moment mit den Füßen aufstampfte, ein modernes Rumpelstilzchen in alten drolligen Kleidern. Da passten auch die Sommerschuhe im Januar.

Die Dame hinterm Tresen schaute nun geschäftsmäßig lächelnd auf.

„Guten Tag, einen Augenblick, Herr …"

Hm, hm, so hieß er nicht. Den genannten Namen hatte ich in meinem Brüten über den richtigen sofort vermölt, verbummelt. Nur die ersten beiden Buchstaben hielten sich. Sie hatten einen Platz hinter meiner Stirn.

Seine Augenbrauen hoben sich: „Wenn Sie mich meinen – ich bin nicht Herr Dalumer."

Danke, manchmal musste man nur abwarten können.

„Oh, dann verwechsele ich Sie. Einen Moment."

Und jetzt hatte ich auch ein Bild von dem Genannten im Kopf. Die ehemalige Bauarbeiterunterkunft des ersten Neubaugebietes im Nord-Westen hatte das 3. Polizeirevier bezogen. Mit seinen entstehenden Großwohnsiedlungen in Plattenbauweise wuchs die Stadt hier immer dichter an ihr Ostseebad Warnemünde. Im Versammlungsraum des Reviers fand 1988 für mich die erste und, was ich damals nicht ahnte, auch die letzte Dienststellenversammlung der K (Kripo) des Kreisamtes statt.

Hinter das aufgebaute Stehpult für den Redner trat ein vierschrötiger Typ. Ich schätzte ihn nicht älter als fünfzig. Die rotblonden Haare lagen pomadig vom linken Scheitel über den pickligen Schädel bis hinter das andere Ohr gelegt.

Neben mir saß Wernher. Damals mein Kollege und mir als Pate zugeteilt. Ich schaute ihn an. „Der Bezirkschef der K, Oberst Dalumer", flüsterte er aus dem Mundwinkel.

Ich nickte von unten herauf.

Schon kam der Redner zur Sache: Genosse Soundso, der Angesprochene stand auf, fast im Stillgestanden.

„Sie führen die Liste der Mitarbeiter an, die von der Staatsanwaltschaft Akten wegen fehlender Ermittlungen zurückbekommen haben? Und das trotz Absolvierung der Offiziersschule? Haben Sie dafür auf Partei- und Staatskosten studieren dürfen? Faulpelze und Trottel haben in der K nichts zu suchen."

Ich dachte, beißt mich mal einer. Entsetzt beugte ich mich zu Wernher. „Künnts dat Mul wedder tomaken. (Kannst das Maul wieder zumachen.) Das kennen hier alle", flüsterte er säuerlich.

Jeder Kraftausdruck wurde nun bei mir ein ausgestreckter Finger unterm Tisch, fünf ergaben einen Bleistiftstrich in meinem Arbeitsbuch.

Mit beiden Armen umfasste der Genosse Oberst das betuchte Rednergestell, als wolle er es im nächsten Moment denen im Saal an den Kopf schleudern, samt dem schmückenden arbeiterblutroten Stoff der führenden Klasse im Staate. Antworten wollte er keine hören. „Setzen!" Der Nächste war dran.

Meine Strichliste endete bei vier, plus drei Finger.

Hinterm Tresen verstrichen weiter die Sekunden.

„Den Herrn kenne ich seit fünfunddreißig Jahren, aber der bin ich nicht."

Damals erinnerte mich das Auftreten dieses Krakelvorgesetzten an meinen ersten Einsatz als Leiter der Untersuchung an einem Tatort.

Im Bericht zu dem Einbruch in den Kindergarten nahe der Straßenbahnhaltestelle Up un Dalsprung, heute heißt sie Kunsthalle, bezeichnete ich das Wetter zur Tatzeit als „Witterung", statt das Wort „Witterungsverhältnisse" zu verwenden. Am nächsten Morgen musste ich im Büro des Kommissariatsleiters antreten. Der schnarrte mich an: „Was hatten Sie denn am Tatort für eine Witterung?"

Ich verstand und kapierte nicht. Sollte ich die Zigarre aufrauchen, die ihm sein Chef wohl sicher nicht dafür verpasst hatte? Heute fiel mir dazu ein: Im März 2012 schrieben Polizisten ihre Verzweiflung über den Umgang der Polizeiführung mit ihnen an die Ostsee-Zeitung. Schon im Monat darauf mündete diese Kritik in einer Dienststellenversammlung. Mit der Pose des erhobenen Zeigefingers als symbolischem „Stillgestanden" wetterte die „Obrigkeit" von der Rednerkanzel herunter:

„Wenn Sie Ansprüche an die Organisation haben, dann vergessen Sie nicht, dass die Organisation auch Ansprüche an Sie hat. Hoffentlich sind Sie nicht unter denen, die keinen Lehrgang besucht haben und Ansprüche an die Organisation stellen."

Der einzige Unterschied war das fehlende Tuch um das Pult. Nicht ganz.

Die sich daran anschließenden Erläuterungen der Zielvereinbarung, das neudeutsche Wort für Planvorgabe, schmückte ein Satz: „Wer nicht weiß, wohin er will, braucht sich nicht wundern, wo er rauskommt."

Auf dem Heimweg gingen mir diese Worte nicht aus dem Sinn. Zu Hause schaute ich nach.

„Wer nicht weiß, wohin er will, der darf sich nicht wundern, wenn er ganz woanders ankommt." Mark Twain.

„Haben Sie einen Termin?", meldete sich die Blondierte.

Ich lauerte auf die Reaktion von „Rumpelstilzchen".

Er trat dichter heran. In seiner rechten Hand fiel mir nun die kleine bunte Karte auf. Selbige legte er auf den Ladentisch vor sich hin.

„Für meine Frau soll ich …"

„Ich brauche erst Ihre Bestellkarte."

Der Griff ans Gesäß brachte eine abgegriffene schwarze Brieftasche zutage. Fast rund, so prall war die, dass er sie auf die Ablage legen musste, um mit beiden Händen das Verlangte herauszufummeln.

„Bitte", schob er die Karte über den Tresen: „Sie können sich setzen, Herr Manga." Geschäftsmäßiges Lächeln. „Die Kollegin ist in wenigen Minuten für Sie da."

Alter Schwede, natürlich: Manga. Dabei ist die Mango meine Lieblingsfrucht.

Ohne Antwort steuerte er zu einem Platz. Den Kopf in die gepolsterten Schultern gezogen, ließ ihn das nun wie einen zu stark aufgedrückten Bleistift wirken, dessen Spitze dem Druck nicht mehr standhält und jeden Moment mit einem Knack wegfliegen kann.

Wenn ich zurückrechnete – der musste an die neunzig sein. Das Gesicht trug noch den Ausdruck des Bestimmenden, aber den Augen fehlte die Klarheit.

Im Hinsetzen knöpfte er sich die Jacke auf. Über dem Bauch spannte das Hemd, rutschte aus dem Bund, weiße Unterwäsche wurde sichtbar. Metallenes blitzte über der Brusttasche auf – zwei Kugel-schreiber-enden.

Manga rollte sein Blatt aus, die Ostsee-Zeitung. Mit ausgestreckten Armen hielt er sie vor sich. Über den oberen Rand sah ich seine Augenpartie.

Hatte er die Brille vergessen, oder beobachtete Manga mich?

Er senkte seine Arme, legte die Zeitung in den Schoß, lehnte den Kopf zurück.

Hielt er die Augen geschlossen? Hatte er mich erkannt, sich erinnert?

Manga saß vor dem großen Fenster des Salons. Nichts hinderte das hereinströmende Tageslicht. Mit dem Rücken nach dort wurden seine Konturen zum Schattenriss. Ich hatte keine Chance, eine Regung in seinem Gesicht zu erkennen. Wie damals …

Ob er sich an den Artikel erinnerte? Wie oft hatte ich überhaupt mit ihm zu tun gehabt?

Seinerzeit war die Ostsee-Zeitung das Publikationsorgan der SED-Bezirksleitung. In deren Redaktion hatte ich im Dezember 1989 angerufen. Der Journalistin am anderen Ende der Leitung diktierte ich einen Artikel.

Überschrift: „Einsatz für Recht und Gesetz"

Text: „Wir, Angehörige der Rostocker Kriminalpolizei, erklären uns solidarisch mit unseren Berliner Berufskollegen der Demo vom 4. Dezember, mit der Aktion der Angehörigen des Berliner Wachregimentes und mit allen weiteren Initiativen zur Aufdeckung und Sicherstellung der Beweismittel zu Verbrechen und Amtsmissbrauch gegen unser Volk."

Deshalb und aus noch einem zweiten Grund saß ich dem Genossen Manga vor 25 Jahren gegenüber – und bis eben das letzte Mal.

Ich kannte die Rede über den Fürsten, zu dem du nicht ungerufen gehen sollst, ihn zu stören mit belanglosen Problemen in seinen wichtigen Gedanken. Es wird dir auf die Füße fallen. Selbst bei einem, der unter allen Dienstgraden eine hohe Achtung genoss. Ich begab mich in diese Gefahr, denn es ging um viel.

Dafür brauchte ich nicht seine Entscheidung. Die hatte ich längst selbst getroffen. Aber ich hoffte für die Sache auf sein Ja.

„Sie kennen doch den Dienstweg", servierte mich seine Sekretärin am Telefon ab. Mein Kommissariatsleiter tobte, weil ich ihn nicht in mein Anliegen einweihen wollte.

Möglicherweise beleidigte ich ihn damit auch.

Die Erklärung, es sei nichts Dienstliches, konnte ihn nicht beruhigen.

Mit meinen noch nicht mal drei Dienstjahren wollte ich einen Termin beim Chef, und das auf diese Weise.

Wenige Stunden später musterte mich die Chefsekretärin entsprechend. Dann öffnete sie mir die Tür in das „Heiligtum".

„Guten Tag, Genosse Oberstleutnant. Gestatten Sie, dass ich eintrete." Obwohl Genosse Manga und ich Zivil trugen, waren die Umgangsformen militärisch und die Anrede mit Genosse in den bewaffneten Organen, zu der als Sparte der Polizei auch die K gehörte, Vorschrift.

Die von innen gepolsterte Tür schloss sich lautlos. Im Raum lag kalter Zigarrenrauch.

Vor dem einzigen Fenster stand ein alter massiger Schreibtisch aus dunklem Holz. Dahinter saß er in einem modernen Schreibtischsessel. Davor, mir entgegen, reihten sich ein Tisch und Stühle zu einer langen Tafel. Mit einer Handbewegung wies er mir einen Platz an. Das war die einzige Geste seiner Begrüßung.

„Danke."

Ich saß mit dem Rücken zu den Aktenschränken und einem Waschbecken mit Spiegel.

Einzige Dekoration des mit weißer Raufaser tapezierten Raumes waren die Porträts der beiden Erichs, Honecker und Mielke, an der Wand mir gegenüber in goldfarbenem Rahmen, sowie eine Wandgarderobe aus Schmiedeeisen. Über einem der Haken hing ein halblanger Herrenwollmantel, grau, fast schwarz.

„Worum geht es, Genosse?"

Sein Ton war zurückhaltend, sachlich.

Warum sprach er mich nicht mit meinem Namen an?

„Ich möchte Sie über meine beabsichtigte schriftliche Eingabe an den Ministerrat informieren. Ich schlage darin die Gründung einer freien Gewerkschaft im Ministerium des Innern vor. Ich begründe dies mit den Artikeln 29 und 44 unserer Verfassung."

Ich versuchte, mein Reden nicht wie eine Meldung klingen zu lassen. Schließlich war ich auf eigenes Betreiben hier.

„Und dann habe ich ein Anliegen", fuhr ich fort, „bei dem ich Sie um Ihre Erlaubnis und Unterstützung bitte."

Hochgezogene Brauen. Die erste Reaktion. „Ich möchte in der Kantine eine Unterschriftensammlung zu einem Aufruf für Recht und Gesetz auslegen, die dem Ministerpräsidenten zugesandt wird. Die Ostsee-Zeitung wird dazu einen Artikel bringen."

Die Kopien beider Schreiben reichte ich ihm. Schweigend nahm er sie und las.

„Tun Sie das, Genosse."

Damit war ich entlassen.

Den Aufruf versah ich mit dem handschriftlichen Hinweis auf seine Genehmigung. Trotzdem verschwand das Schriftstück zweimal. Auf dem dritten Exemplar standen dann 79 Unterschriften, drei Viertel der Mitarbeiter. Die Unterschrift des Genossen Manga fehlte.

In der Folge meines Miniaufstands ließ ein Nachspiel nicht lange auf sich warten. Der Leiter des Kommissariats ordnete die Kontrolle meiner Vorgangsbearbeitung an. Ich musste alle Akten dem Arbeitsgruppenleiter aushändigen. In dessen Zimmer hatte der sich dann aufgebaut.

„Mir scheint, dass Sie große Reserven bei der Nutzung der Arbeitszeit haben."

Der konnte mich nicht provozieren.

„Ich werde heute 30 Minuten für die außerdienstliche Schreibtätigkeit nacharbeiten."

In der Stadt hatten sich die Ereignisse hochgeschaukelt. Losungen an Häuserwänden, „Es lebe Gorbi!", hießen bei der Polizeiführung nur Schmiererei. Das aufgetauchte Flugblatt „Aufbruch 89 – NEUES FORUM" wurde als konterrevolutionäres Pamphlet bezeichnet. Die wenigen, die es gelesen hatten, trauten sich nicht, offen über den Inhalt zu reden. Unter der Hand wurde bekannt, dass die Kriminaltechniker davon ein Foto hatten. Das Original lag längst bei „Horch und Guck".

War es eine Weisung von ganz oben oder vorauseilender Gehorsam eines Etagenchefs? Die K hatte zu festgestellten Flugblättern des Neuen Forum die Anweisung, eine Anzeige wegen des Verdachtes auf Rowdytum aufzunehmen. Das war der Versuch, die Verfasser als Verletzer von Normen des sozialistischen Zusammenlebens zu denunzieren. Im Kommentar zum Strafgesetzbuch rangierten diese Regeln über dem Begriff der öffentlichen Ordnung. Aber der Inhalt des Flugblattes berührte einen Tatbestand des Strafgesetzbuches nicht im Geringsten. In Vertauschung der Morgenstern-Logik besann man sich auf das bekannte Handlungsmotto: Was nicht sein darf, das nicht sein kann. Aus der Annahme eines Zusammenhanges mit den Gorbi-Schmierereien, dem Vergehenstatbestand der Sachbeschädigung, wurde die Brücke zur Strafbarkeit des Flugblattes geschlagen.

An den Donnerstagsdemos im Zeichen des Schmetterlings, unter der Losung GEWALTFREI FÜR DEMOKRATIE und dem Symbol der Kerzen, nahm die K dienstlich teil. Der Auftrag lautete: Beobachtung, Verhinderung von Straftaten und Feststellung von Straftätern.

Werner und ich beratschlagten: Abgesehen davon, dass mein Mitstreiter in Ganovenkreisen bekannt war wie die Fischverkäuferin Min Herzing in Warnemünde, konnten wir Bekannten und Nachbarn begegnen. Hingegen ein teilnehmender Bürger zu sein, schien uns sicherer, als bewaffnet in den Stasispitzel-Verdacht zu geraten. Außerdem, im Falle eines Falles, sollten wir etwa in einer Menschenansammlung, dazu bei Dunkelheit, schießen? Offensichtlich hatten andere auch so gedacht. Ende Oktober gab Genosse Manga den ausdrücklichen Befehl: Die Waffe ist zu tragen. Werner und ich ignorierten das.

In der sowjetischen Monatszeitschrift Sputnik hatte ich den dort seit 1986 eingeleiteten Prozess von Glasnost und Perestroika, die Demokratisierung und den Umbau der sowjetischen Gesellschaft, verfolgt. Die Novemberausgabe 1988 berichtete vom Hitler-Stalin-Pakt. Unsere Geschichtsbücher hatten darüber nichts zu sagen.

Nach dieser Veröffentlichung wurde die Zeitschrift von der Liste des Postzeitungsvertriebes gestrichen, weil sie, wie es hieß, keinen Beitrag, „der der Festigung der deutsch-sowjetischen Freundschaft dient", leiste.

Das war die offene Konfrontation mit dem großen, ruhmreichen Bruder.

Manchmal war ich wütend und traurig zugleich. Als Schüler wollte ich wie Pawel Kortschagin sein, ein ehrlicher Kämpfer für die gerechte Sache, die die Menschen seit der Französischen Revolution in drei Worten träumten und für die so viele ihr Leben gegeben hatten.

Ich hatte meinen „Aufruhr" mit einer mechanischen Schreibmaschine auf grünem Papier geschrieben. Das sah aus und fühlte sich an wie Toilettenpapier, nur noch steifer, aber für beides nicht im Guten brauchbar. Weißes Schreibpapier blieb für ganz besondere Anlässe unter Verschluss.

Zu solch einem Ereignis begrüßte mich Wernher kurz vor 07:00 Uhr an einem herrlichen Sommermorgen in diesem Jahr schon im Dienststellenflur: „Matthias, du kannst deine Jacke anlassen. Die Meldung soll um 06:00 Uhr von einer Telefonzelle eingegangen sein. Der Kapitän der Weißen Flotte habe gemeldet, am Kabutzenhof sei über Nacht in eines der zwei dort vertäut liegenden Ausflugsschiffe ein Einbruch verübt worden. Die diensthabende Gruppe ist bereits vor Ort." Nebenbei gab er mir die Hand und schob mich zurück ins Treppenhaus. In seiner anderen trug er seine Einsatztasche.

„Die reicht für uns beide."

Ich nahm sie ihm ab. Wir fuhren im Einsatzwagen der Kriminaltechniker mit, einem speziell ausgerüsteten Transporter Typ B 1000, denn unser Spritkontingent war erschöpft.

Die Bügel der beiden Vorhängeschlosser eines der Außenschotten des Schiffes waren durch den oder die Täter durchtrennt worden und wieder eingehängt, sodass auf den ersten Blick alles in Ordnung schien. Aufgrund der festgestellten Spurenlage mussten alle frei zugänglichen Räume durchsucht worden sein. Die Tür zum verschlossenen Fahrstand war unversehrt. Es gab keine Anhaltspunkte dafür, dass versucht worden war, das Schloss nachzuschließen. Trotzdem stand der Verdacht einer versuchten Republikflucht im Raum. Bei unklarer Motivlage war immer das höherwertige Delikt anzunehmen.

Interessant war der Fund eines frischen Kothaufens auf dem Fußboden des Fahrgastraumes.

Im Büro zurück sah ich in Wernhers grübelndes Gesicht. Unsere Schreibtische standen Kopf an Kopf.

Wernher und ich waren ein Jahrgang, mit über einsachtzig, seiner muskulösen Figur und der Igelfrisur sah man ihm die fünfunddreißig nicht an. Nach seinem Armeedienst als Fallschirmjäger hatte er die ersten Jahre bei der Polizei in der Spezialeinheit Kommando 9 (K 9) gedient. Das war die geheime DDR-Antwort auf das Olympia-Attentat von München. Die Einheit unterstützte die übrigen Polizeikräfte bei schwerster Kriminalität, wie einer Geiselnahme oder einem Terroranschlag; schließlich fand zweimal im Jahr die Leipziger Messe statt.

Vielleicht konnte Wernher deshalb kaum etwas erschüttern.

„Hatten wir nicht erst einen Tatort, bei dem uns der Ganove seine Exkremente vererbte. Erinnerst du dich an die Zoo-Gaststätte?"

Natürlich, schließlich tippte ich die Begründung für die vorläufige Einstellung: „Da gegenwärtig die kriminalistischen Mittel und Möglichkeiten zur Aufklärung der Straftat erschöpft sind und keine begründete Aussicht …"

Dieses Mal hatte der Täter nichts entwendet, weil schlicht nichts zu klauen war, keine Kassette mit Geld, kein Alkohol. Im Zoo setzte er seinen Haufen in den Personaleingangsbereich. An beiden Tatorten hätte er eine Toilette benutzen können.

Nun dachte ich laut: „Hat er uns damit angeschietert oder sich selbst? Was will er uns sagen?"

„Nach der Spurenuntersuchung sind wir klüger."

Zu Auswertungsergebnissen kam es für uns nicht mehr. Mit Termin *Vorgestern* ging die Akte für „Horch und Guck" zum Chef, natürlich mit einem Vermerk zur Zoo-Sache.

„Hätten die sich nicht über unsere Ermittlungen informieren lassen können? Uns fehlt so vielleicht ein wichtiger Mosaikstein für die Aufklärung von anderen Taten."

„Schlimmer, wer bei denen einmal in der Mangel ist, wird danach nicht uns überlassen. Wir erfahren davon gar nichts. Komm, wir laufen uns erst mal die Köpfe frei."

„Wo gehen wir eigentlich hin?"

„Wo de Näs lang weist."

Viel geredet wurde nicht: hören, kieken, machen.

Dabei kam mir meine Lebenserfahrung zugute. Nach der Lehre bei der Handelsmarine war ich als Vollmatrose einige Jahre um die Welt geschippert. Von Rio bis Schanghai, von Hamburg bis … aber ich wollte nicht so lange zur See fahren wie jene Kameraden, zu denen die eigenen Kinder Onkel sagten, die irgendwann an Land nicht mehr klarkamen, dem Alkohol zu sehr zusprachen, deren Frauen das lange Alleinsein nicht mehr mitmachten. Ich hatte mich an meinen zweiten Berufstraum erinnert.

Dösbaddel, Dummkopf, hättest die erste Begegnung mit dem Genossen Manga beinahe vergessen.

Die Zeit nimmt die Ereignisse auf ihre Reise mit. Es braucht manchmal eine Glocke, sie zu wecken.

Meinen Großen trieb auch die Neugier auf das Unbekannte hinterm Meer. Dem Lehrvertrag bei der Deutfracht Seereederei fehlte nur noch die Einstellungsuntersuchung: „Morbus Scheuermann", sagte der Doc. – Wer was an der Wirbelsäule hatte, für den war es das Aus.

Nichts konnte den Jungen trösten. Als er dann in der begonnenen Bäckerlehre am Wiener Platz schimmelige Margarine verbacken sollte, riss ihm der Geduldsfaden. An einem Montag im Mai dieses Wendejahres griffen ihn die Grenzer kurz vor Dömitz im Zug auf. Gut. Über die Elbe wollte er in die große weite Welt schwimmen. Vielleicht hätten sie ihn dabei erschossen.

Der Genosse Oberstleutnant verlangte: „Sagen Sie sich sofort von Ihrem Sohn los!" Das lehnte ich ab. Nur einmal durfte ich den Jungen kurz und unter Aufsicht sprechen. Seine Mutter ließen sie nicht zu ihm. Dann saß er im Knast und musste in der Braunkohle schuften. Für mich rechnete ich mit dem Rausschmiss. Doch es passierte nichts.

Über den Zeitungsartikel, die Eingabe oder die Sache mit meinem Sohn sprach ich nie wieder mit dem Genossen Manga. Wahrscheinlich dachte er damals: Es ist kein Wunder, dass der den Aufstand probt. Womöglich gehört er zum Neuen Forum. Mir fiel erst auf, dass er nicht mehr da war, als seine Tätigkeit als OibE (Offizier der Staatssicherheit im besonderen Einsatz) bekannt wurde.

Als dann die D-Mark da war, kam ich ins Grübeln: Wollte ich unter den neuen Bedingungen weiter Kriminalist sein? Was war mit meinen Idealen? Die gesellschaftliche Ursache für die Entstehung von Kriminalität war mit der Abschaffung der Ausbeutung des Menschen durch den Menschen beseitigt worden. Mit diesem neuen Bewusstsein schien der Weg in eine bessere Gesellschaft frei. Nun war der alte Keim wieder da. Aber: Sind unsere Ideale nicht bedeutender als die Realität? Könnten wir sonst dem Leben einen tieferen Sinn in die Hände geben, um danach zu streben?

Nikolai Ostrowski legte seinem Helden Pawel Kortschagin die berühmten Worte in den Mund:

„Das Wertvollste, was der Mensch besitzt, ist das Leben. Es wird ihm nur einmal gegeben, und nutzen soll er es so, dass sinnlos verbrachte Jahre ihn nicht qualvoll gereuen, die Schande einer kleinlichen, inhaltslosen Vergangenheit ihn nicht bedrückt, dass er sterbend sagen kann: Mein ganzes Leben, meine ganze Kraft habe ich dem Herrlichsten in der Welt – dem Kampf für die Befreiung der Menschheit – geweiht."

In meinem Büro hängt ein gerahmter Satz an der Wand: „Es ist dem Untertanen untersagt, den Maßstab seiner beschränkten Einsicht an die Handlungen der Obrigkeit anzulegen."

Er stammt von dem preußischen Innenminister Gustav von Rochow. An dieser Sicht der Dinge wird sich wohl so schnell nichts ändern, egal unter welcher Flagge.

SOKO Manuela

Blaues Licht, darin vier Ziffern mit Doppelpunkt. Ich war aus meinem Traum erwacht.

In ihm verstand ich die Bedeutung des Ausschnitts meines T-Shirts, auf den ich gestern Abend im Spiegel gestarrt hatte.

Nun erinnerte ich mich an die elektronische Uhr des Flachbildschirmfernsehers, las: drei Uhr.

Von links fiel ein Spalt Licht herein. Ich stand auf, darauf bedacht, die Wärme unter der Bettdecke zu lassen, zog die Gardine zur Seite.

Ausnahmsweise schlief ich bei geschlossenem Fenster, wegen des Lärms der Stadt. Die Klimaanlage hatte ich deswegen in Richtung Sternsymbol geregelt. Wenigstens das Gefühl von Frische brauchte ich.

Die Gestirne funkelten. Nach Sturmregentagen waren null Grad für diese Januarnacht vorausgesagt worden. Ich ließ die Luft herein. Auch jetzt schmeckte sie nicht nach dem Meer.

Mit verschränkten Armen lehnte ich mich auf das Fensterbrett des Hotelzimmers. Fünf Stockwerke unter mir leuchtete Stille von der U-Bahnstation. Über den Asphalt der Wandsbeker Marktstraße rollte fast lautlos eine dunkle Limousine in Richtung …

Vor zwei Wochen hatte ich morgens in einem Büro der Rostocker Mordkommission wie jetzt hinunter in das Licht der Straßen gesehen. Tags zuvor, gerade aus dem Festtagsurlaub zurück, rief Eckehard an, der Leiter der Mordkommission.

„Matthias, es geht um die alte Geschichte. Mit Ulf habe ich das besprochen. Der sitzt im Moment neben mir. Wie lange brauchst du, um deinen Kram zu übergeben?"

„Gibst du mir diesen Tag?"

„Gebongt."

Über Nacht war Schnee gefallen. Noch deckte ein weißer, reiner Mantel die Narben der Straßen und Wege zu.

Manuela hatte im Winter nach Afrika gewollt. Einfach so war sie verschwunden, kurz vor Weihnachten. Ein Vierteljahr später wurde ihre Leiche bei Flurarbeiten im Großen Moor vor Heiligendamm gefunden. – Das war jetzt zwanzig Jahre her.

Ich drehte die Heizung unterm Fenster auf.

Dieser Raum wurde nur genutzt, wenn bei einem aktuellen Mord die erweiterte Mordkommission ermittelte oder eben in diesem Fall.

Auf dem Schreibtisch hinter mir türmte sich die Akte der SOKO. Die Spuren waren noch einmal nach den neuesten wissenschaftlichen Erkenntnissen untersucht worden. Auch jetzt reichte die Ausbeute nicht für ein DNA-Screening. Bei EUROPOL lagen die Daten des Falles gespeichert. Sie konnten mit denen bekannter aktiver Schwerstkrimineller abgeglichen werden. Was für diesen Fall inzwischen wichtiger geworden war, auch mit den Täterhandschriften der ungeklärten Fälle. Doch jede durchgeführte Recherche, egal in welcher Kombination: negativ. Und „Aktenzeichen XY … ungelöst": Die Spur blieb kalt.

In die Ermittlungen seinerzeit war ich nicht eingebunden. Deshalb fiel mir die Aufgabe zu, einen neuen Blick auf den Fall zu entwickeln, unbeeinflusst von den damaligen Ansichten. Kein Druck der Medien würde die Polizeiführung zum Reinreden veranlassen.

Vielleicht gelang es so, jenes Puzzleteil zu finden, das der Tat einen Grund gab und zum Täter führte. Mehr hatte ich nicht, bis auf diesen Anruf aus Hamburg.

Die Ampel auf der Kreuzung unter mir schaltete um.

Gelb stand zwischen Go und Stop. Eine Frage ohne Antwort. Grün könnte Ja und Rot Nein sein, eine Tatsache, die dafür- oder dagegensprach. Der Schnee, das Weiß, wäre dann das Unbewiesene, die These.

Neben meinen Schreibtisch stellte ich eine Magnettafel, kochte mir einen Pott Grünen Tee und vertiefte mich in den Band mit dem Tatortbericht, den Spuren und Gutachten.

Gefesselte Hände und Füße des Opfers. Passte das zur Tatortthese?

Auf ein gelbes Blatt Papier schrieb ich mit schwarzem Marker ein Fragezeichen und diese Feststellung. Ich hängte sie nach oben links. Als ich Feierabend machte, hing darunter ein weißes mit großen Druckbuchstaben: FUNDORT = TATORT.

Fakten auf grünem oder rotem Papier würden, ein Format kleiner, den Check fortsetzen.

Zu Hause starrte ich im Badspiegel auf den verwaschenen Ausschnitt meines T-Shirts. Dieser Makel war der Grund, weshalb ich es nur als Nachtwäsche trug, aber ... Ich putzte die Zähne länger als sonst, doch es machte nicht klick.

Gestern hier in Hamburg dasselbe. Es hatte erst diesen Traum gebraucht, damit ich in dem spitzen Ausschnitt die gespreizten Beine sah, mit denen Sexualtäter das Opfer als Zeichen ihrer Macht zurücklassen.

Bisher war der Fundort als der erweiterte Ort der Tat betrachtet worden. Waren Fundort und Tatort doch nicht identisch?

Ich schloss das Fenster, zog die Gardine zu, bis auf einen schmalen Spalt.

Hatte ich mit meiner Erkenntnis schon die Karte in der Hand, mit der sich das dreidimensionale Bild dieser Tat Stück um Stück aufblättern ließ? Konnte die Einladung des Anrufers, eines „Ortssheriffs" a. D., der Schlüssel sein?

Mit diesen Gedanken schlief ich wieder ein.

Mein Handywecker klingelte zur gewohnten Zeit, halb fünf. Erst die allmorgendliche Abfolge der Toilettenprozedur, dann frühstücken. Den Rest Zeit wollte ich haben, um mich vor dem Treff allein in den beschriebenen Ort der Tat hineinzufühlen. Ich hatte mich im Internet und auf dem Stadtplan mit der Gegend vertraut gemacht und fragte den Taxifahrer nach der Straßenquerung der Wedeler Au. Dort ließ ich ihn halten, zahlte und stand auf der Brücke, unter welcher der breite Bach in das Marschland floss und das Ufer der Elbe erreichte. Ich sah hinüber, auf den Strom meiner Kindheit. Ruhig strömte er in seinem Bett.

Ich wechselte die Seite. Dunst hüllte hier das kleine Wasser ein, zog rechts durch die Wiesen, stand links über dem Schilfgürtel, schien mit dem wilden Buschwerk die steile Böschung zum Hügel hinaufzuklettern. „Jungfernstieg" stand auf dem Straßenschild, das den Weg nach dort anzeigte.

Irgendwo zwischen ihm und dem Ufer hatte man sie gefunden. Auch das schien kein Ort, den Wanderer oder Gassi-Geher störten. – Fünfzehn Jahre lagen zwischen beiden Taten.

Die Opfer hatte der Täter zum Paket verschnürt. Fix und fertig zum Versenken?

Mit dem „Ex-Sheriff" war ich am Schulauer Fährhaus verabredet. Den kurzen Weg dorthin ging ich zu Fuß.

Das altehrwürdige Anwesen lag nicht mehr idyllisch am Elbstrand. Moderner Protz hatte sich nach vorn gedrängelt. Ich bummelte auf die Anlegestelle. – Den alten Steg aus Holz kannte ich.

Sein „Willkomm-Höft" war geblieben. Der Schriftzug grüßte die Seeleute auf den vorbeifahrenden Schiffen, wie seinerzeit mich, als Moses …

Ein Doppelschlag der Schiffsglocke für die erste volle Stunde der zweiten Wache an diesem Nachmittag im Golf von Tonking, klock fünf Glasen.

Aus der Wolkensuppe peitschte der Wintermonsun Schauer an Deck. Die Sicht verschlechterte sich. Der zweite Offizier verstärkte die Wache. Beide Brückennocken wurden mit Ausguck besetzt.

„Matthias, übernimm das Ruder."

„Aye, Second." Ich schaltete den Autopiloten aus.

„Neuer Kurs zweihundertachtzig Grad."

Den Befehl wiederholend, legte ich fünf Grad Ruder nach Backbord. Langsam drehte der Bug des 10.000-Tonners die zwanzig Grad in Richtung der Zahl auf dem Kompass. Ich nahm die Ruderlage zurück, ließ dem Schiff Zeit sich einzupendeln.

Das MS „Karl-Marx-Stadt" war 1959 als eines der Typ-„Frieden"-Schiffe auf der Warnemünder Warnow Werft vom Stapel gelaufen. Wie ihre Schwestern trug sie den Namen einer Bezirkshauptstadt der DDR um die Welt.

„Zweihundertachtzig Grad liegen an."

„Jo, Gunmorgen!"

Unversehens stand der Käpt'n neben mir.

„Danke gleichfalls, Genosse Kapitän", erwiderte ich den Gruß halb militärisch korrekt.

„Mal kieken."

Der Zweite schaute vom Radarschirm auf: „Guten Morgen, Kapitän", kam die paar Schritte heran und begann, den „Alten" über die Lage zu informieren.

Klar, egal zu welcher Uhrzeit, jede Kursänderung kriegte der mit. Seine Kajüte lag ein Deck tiefer, direkt unter der Kommandobrücke.

Der Kaptein schaltete den Bordfunk ein und rückte sich das Mikro zurecht.

„Achtung. Hier spricht der Kapitän. Alle wachfreien Besatzungsmitglieder finden sich in zehn Minuten in der Mannschaftmesse ein." Er wiederholte die Durchsage. Dann schaltete er die Anlage aus.

Ungewöhnlich. Die übliche Einstimmung auf Land und Leute und die aktuelle Sicherheitslage war bei Kaffee und Kuchen bereits letzten Sonntag durch den Chief Mate passiert.

„In der Morgendämmerung wurde Haiphong bombardiert. Eben hat der Funker den Spruch erhalten."

Ich hörte nicht mehr zu. Also doch. Erst vor wenigen Minuten hatte ich mich zur Toilette abgemeldet. Den kurzen Weg über die Außenniedergänge nehmend, schon auf dem Rückmarsch, tauchten vier Maschinen wie aus dem Nichts am Himmel auf. Sie schienen sich auf das Schiff zu stürzen. Instinktiv duckte ich mich in den Schatten der Aufbauten. Knapp über die Masten rasten sie dröhnend achteraus. Unter den Tragflächen hatte ich noch den fünfeckigen weißen Stern im blauen Kreis erkennen können, und, fast sicher, auch die leeren Bombenfänge. Automatisch peilte ich deren Anflugrichtung. – Verdammt, da wollten wir hin.

Wieder auf der Brücke hatte ich dem Second berichtet.

Jetzt forderte der mich auf, das zu wiederholen. Der Kapitän nickte nur.

Der fünfte Seetag seit Singapur …

Dort hatten mein Kammergenosse Rainer und ich auf dem Rückweg aus der Stadt eine Bar mit Swimmingpool entdeckt. Am Tresen saßen zwei „Westgermanen". – So hießen bei uns die Brüder und Schwestern aus dem anderen Deutschland und deren Schiffe. Über das Woher und Wohin erfuhren wir, sie waren kaum älter und fuhren als Machinenassistenten auf der „Helgoland". Ihr Schiff liege hier im Trockendock.

Der „Dampfer" war kein Handelsschiff, das wurde nach den ersten Schritten an Deck klar. Ein Hospitalschiff unter der Flagge der BRD im Vietnamkriegseinsatz, und das bei unserer ersten Besichtigung eines „Westgermanen".

Inzwischen kannte ich die Geschichte des ehemaligen Bäder-
schiffes mit seinem zur „Mission der Hoffnung" gewordenen
Auftrag aus den Medien.

Die Klimaanlage war außer Betrieb. So saßen wir in deren Kammer vor dem offenen Kühlschrank mit Schweißtüchern um die
Stirn und tranken kühles „Becks". Für den Abend luden sie uns
in eine Bar ein. Bei Whisky-Cola auf Eis, mit einer Scheibe Zi-
trone im Glas, verguckte ich mich in eine süße Malaysierin. Jeder
Tanz mit einem der Mädchen kostete zwei Singapore-Dollar,
umgerechnet eine D-Mark. Küssen und andere Anzüglichkeiten
waren dabei verboten. Tanzte ein anderer mit ihr, ließ ich sie
nicht aus den Augen, um gleich wieder am Ball zu sein. Nach
fünf Tänzen war mein Geld alle. In Hong Kong war das Gesparte
fast für eine Taucherarmbanduhr draufgegangen. – Zwei Flug-
zeugträger und die „Queen Elisabeth" lagen in der Bucht vor
Anker. Die Amis auf Kriegsurlaub und die Luxury Passenger
hatten die Preise verdorben.

Einer unserer neuen Kameraden stieß mich grinsend an: „Geh
zu der ‚Heiligen' und frage, was die Kleine für die Nacht kostet."
Eine etwas rundliche Dame, in ein grün mit glänzendem Faden
durchwirktes scheinbar Ohne-Anfang-und-Ende-Tuch gekleidet,
führte mit einem stetigen Lächeln das Regiment. Hinter einer
Art Tresen saß sie: „Please madam, what cost the girl for long
night?", hoffte ich, höflich genug gewesen zu sein.

„Fifty Dollars will sie haben."

Mein „Westgermane" holte seine Brieftasche heraus, zog genau
diesen Geldschein und legte ihn vor mich auf den Tisch.

„Das kann ich nicht annehmen."

„Doch." Er schob ihn dichter zu mir. „Zieht ab, gib ihr einen
Kuss von mir."

Als ich noch zögerte, drückte er mir den Schein lachend in die
Hand.

Sie wartete schon auf mich. Ich legte das Geld vor die Patronin hin.

Die nickte zur Seite. Dort schälte sich ein Mann mittleren Alters aus einer Ecke.

„Your taxi", verabschiedete sie mich mit wissendem Blick. Offenbar hatte sie die Szene beobachtet.

Im Licht der Leuchtreklame brauste der mangofarbene Wagen durch die Stadt, bis die bunten Lichter weniger wurden und die Beleuchtung der Straßen matter. Sie schmiegte sich an mich, streichelte meine Glatze und küsste sie. – Die hatte ich mir vor dem Landgang in Hong Kong scheren lassen, als bei der Äquatortaufe, nach der Station Friseur, von meinen schulterlangen blonden Haaren nur Inseln übrig geblieben waren.

Jetzt durfte ich sie auch küssen. Irgendwann hielt der Wagen. Sie zog mich in ein Haus, eine Treppe hinauf in die erste Etage, klinkte eine Tür auf und schloss sie hinter uns. Durch die geöffneten Läden des bis fast zum Fußboden reichenden Fensters ohne Scheiben fiel das Licht einer Straßenlaterne. Ein bezogenes Bett füllte fast den Raum. Ich hatte gar keine Zeit, nervös zu sein. Sie zündete eine Kerze an, schloss die Fensterläden, zog sich aus und dann mich …

sanfte Hände lenkten meine Finger und Lippen zu den Gründen ihrer Lust, liebkosten mich, bis wir uns …

Ich erwachte von summendem Klappern. Sie lag noch immer neben mir, im milden Licht des Morgens, schaute mich mit undurchdringbaren Augen lächelnd an. Meine Taucheruhr fand ich auf dem Tisch. Langsam stand sie auf, verbeugte sich mit gefalteten Händen zu mir, zog sich an. Ich tat ihr alles nach. Mein Seefahrtsbuch steckte in der einen Hosentasche, in der anderen klimperten Münzen. Wir küssten uns ein letztes Mal.

Sie öffnete mir die Tür, ein Abschiedslächeln. Dann stieg ich die Stufen hinab.

Händler bauten ihre Stände auf. Ich schaute auf meine Uhr, zum Dienstbeginn um sieben, das könnte ich schaffen.

Nach links und rechts nickte ich, schritt durch das Gewusel aus Karren, Früchten, Blumen, Körben, Menschen …

Ich hatte mir die Liebe eines Mädchens gekauft.

Ernüchtert war ich stehen geblieben. Die Blüte vor mir auf dem Pflaster hätte ich sonst wohl übersehen. Ich hob sie auf. Einer Seerose ähnlich, duftete sie sanft und süß.

Damals wusste ich nicht, dass es eine Lotusblüte war.

Ich lief zurück. Auf halber Treppe stießen wir fast zusammen. Wortlos reichte ich ihr die Blume. Sie steckte sie ins Haar, küsste mich auf den Mund, flüchtig berührten sich unsere Hände.

„Good Luck", drehte ich mich um und ging schnell.

Von der Hausecke winkte man mir aus einer offenen Wagentür. Ich erkannte ihn nur an seinem ausgefransten Reisstrohhut; lief auf ihn zu, „Hallo!", sprang in das Taxi. „To the harbour, please."

Er raste los. Das Kleingeld wagte ich nicht zu zählen. Vom hinteren Sitz hielt ich Ausschau nach den Masten meines Schiffes. Dann sah ich sie, „Stop!", riss die Tür auf, drückte ihm den klimpernden Inhalt meiner Hosentasche in die Hand, „Thank you very much", und rannte los. Die Koambels, Münzen mit verschiedenem Wert mussten gereicht haben, ich hörte kein Fluchen.

Erst hinterm Hafentor blieb ich stehen, schaute an mir herunter: alles okay.

Als ich um den Lagerplatz aufgetürmter Eisenbarren bog, sah ich sie stehen, meine Lehrlingskameraden. Sie lungerten an der Gangway, schauten mir neugierig entgegen.

„Und?", fragte Rainer. Wir klatschten die Hände gegeneinander. Noch knappe zwei Stunden Ruderwache.

Ich hielt den Kurs auf das Delta des roten Flusses. Die Stadt dort war das Ziel der Solidaritätsgüter im Bauch unseres Schiffes. Über dem Hafen lag dichter Rauch. In der Pier klafften riesige Löcher. Aus zerbombten Häusern züngelten noch Flammen.

Das „Willkomm-Höft" am Welcome Point …
Am Flaggenmast des Fährhauses hatte man für uns die Hamburger Flagge zum Gruß gedippt, gehisst die Buchstaben U und W, wünschten jedem Seemann „Good Luck" oder „Gute Reise", und die Hymne der DDR erklang.
Unser erster europäischer Hafen, mein erstes Mal Hamburg.
Heute stand ich auf dem modernen Anleger aus Beton. Im Fährhaus waren die Fenster noch dunkel. Nur im Office der Begrüßungskapitäne brannte Licht. Ihr Dienst begann.
Von Altona her zog die Dämmerung auf, legte ihre Glut auf den Fluss.
„Matthias?"
„Hasso!"
Er drückte mir kräftig die Hand: „Moin, gaut di to seihn." (Hallo, gut dich zu sehen.)
Seine blauen Augen blickten mich ruhig an. Nicht größer als ich, drahtiger, ein sportlicher Senior, trug Outdoor-Klamotten, unterm Arm steckte ein Fahrradhelm, darin verstaut Wollmütze und Handschuhe.
„Gliekfalls, sehn alle Pensionäre hier so topp ut?"
„Ruheständler sehen hier so aus."
Gepflegte Dritte kamen zum Vorschein. Die Segelohren und die grauen, kurzen Haare gaben seinem runden Gesicht etwas Lustiges.
Hasso schob neben mir sein Rad den Weg bergan in die Stadt, entlang der Einkaufsmeile zum Wehr und dem Mühlteich, in dem die Au heute noch angestaut wurde. Er wohne in Rissen, das sei noch Hamburg. Wedel, daneben, gehöre schon zu Holstein.

Hier war er über zwanzig Jahre de Dörppolizist, der Dorfpolizist. Da kenne man die Leute und entwickle einen Riecher dafür, wenn „wat nich stimmt". – Dabei stolperte er so schön über den spitzen Stein.

In der Gastwirtschaft der ehemaligen Kornmühle waren wir zum Frühstück angemeldet. Aber dort ging es erst einmal vorbei zum Abgang des Jungfernstiegs. Sie sei ihn täglich zur Arbeit gegangen.

Die Häuser hier zum Fluss hin sahen neu aus. Bei den Erschließungsarbeiten habe man die Leiche entdeckt.

Hasso begann aufzuzählen: „An einem Wasser, in einem abgelegenen Gelände, ein altes, aber intaktes Fahrrad wird in der Nähe aufgefunden, und keiner weiß, wem es gehört."

„Und beide Dirns zum Abkluckern geschnürt."

„Akkurat, bei euch mit Ledergürtel und Leine."

„Die heutzutage gar nicht mehr hergestellt werden."

„Und bi uns hat er das mit alten Riemen getan."

„Man könnte denken, der Täter mag neue Sachen nicht."

„Und warum will dat keen-een, nich ein in Kiel sehen, dass die Fälle zusammengehören? Un dat in min letztes Jahr."

„Blos die getrocknete Blüte im Mundwinkel fehlt am Rostocker Tatort."

Wir zuckten die Schultern, und ich erinnerte mich an seinen Nachnamen: Guntram, der germanische Held. Ein Polizist, der Hasso heißt und dazu Guntram. Da ist der Name schon Programm.

In der Mühle hatte die Wirtin persönlich serviert: „Das ist aber nett, dass Sie mal wieder reinschauen." Ein neugieriger Blick auf mich.

„Das ist ein Kollege von der Mordkommission aus Rostock."

„Ach, geht es immer noch …"

„Sie wissen doch, bei Mord …"

„Ja, ja-ja, Marie war so eine Liebe."

Ich schaute Hasso an. Als wir wieder allein waren, meinte der: „Sie hat hier als Bedienung gearbeitet."

„Unser Opfer war Krankenschwester in der Rehaklinik in Bad Doberan. Dat nächste Glied in der Kette?", überlegte ich laut.

Nach dem Rührei mit Speck und Zwiebeln hatte ich Appetit auf ein lütt Stück Süßes.

„Ich hätte gern eine Kugel Bourbonvanilleeis mit etwas Zucker und Zimt darüber, dazu einen Espresso."

Das Eis wurde mit einer Schokoladenspur auf dem Teller und einem Minzeblatt serviert. Freudig nahm ich den ersten Löffel und hätte ihn fast ausgespuckt.

„Was is?"

Ich beugte mich vor und flüsterte: „Hasso, das sind zu viele Zufälle: Salz mit Zucker verwechselt."

Nicken.

„Kannst du in de Küche rinkieken?"

„Warte mal, wenn de Wirtin gleich durch de Flügeltür … und ik mi ein bischen hinüberbeuge … jo."

„Gut dass wir an diesem Tisch sitzen. Und, kennst du ihn? Ist er …"

„Er ist allein. Genau, der war damals ziemlich neu hier."

„Und?"

„Was ich weiß, ist fünf Jahre her, da lebte er im Kornspeicher gleich nebenan.

Oh Gott, wo du das sagst, der hatte mich mit seiner Kledaasch immer an de Kelly Family erinnert."

Ich legte den Zeigfinger auf den Mund.

„Jo."

„Erst der Rostocker Fall im Fernsehen und nun die Kripo von da hier. Der Buschfunk hat funktioniert, so neugierig, wie sie war. Einfach die Nerven verloren hat der Kerl. Aber, er darf nicht merken, dass wir das wissen."

Hasso atmete tief ein. Ich dachte an meine erste Kontrolle von Ganoven, als frischgebackener Polizist. Mir hatten vor Anspannung die Knie gezittert. Jetzt rann mir ein Schauer über den Rücken.

„Wir möchten bitte zahlen, zusammen."

Während die Chefin rechnete, sagte ich etwas lauter: „Es war sehr nett bei Ihnen." Ich gab vier Euro Trinkgeld.

Draußen auf dem Bürgersteig schloss Hasso sein Rad ab. Wir umarmten uns.

„Du meldest dich, Matthias."

„Klor."

Er stieg auf sein Fahrrad.

„Hummel, Hummel!"

„Mors, Mors!", kannte ich die Antwort auf den Hamburger Gruß- und Schlachtruf.

Hasso dampfte ab.

Meine noch in Hamburg eingeleiteten Ermittlungen ergaben, dass der Verdächtige immer noch in Bad Doberan unter der Anschrift seiner Mutter gemeldet war und vor zwanzig Jahren in derselben Klinik wie das Rostocker Opfer gearbeitet hatte. Das reichte. Als die Wedeler Kollegen wenig später in seiner Küche auftauchten, ließ er sich wortlos festnehmen.

Mir saß ein kräftiger Kerl von fünfundvierzig Jahren gegenüber, der nicht unsympathisch wirkte.

Wenn er sprach, hielt er den Blick gesenkt.

„Schauen Sie mich an, wenn Sie mit mir sprechen", musste ich ihn immer wieder auffordern. Ich wollte sehen, wann er sich Erinnerung holte und wann er etwas erfand.

Im Auto seiner Mutter habe er vor der Bahnstation Rostock-Brinckmansdorf auf sie gewartet. Er vermied es, das Opfer beim Namen zu nennen.

„Danach …? Ich bin mit ihr dahingefahren, wo das Moor für die Klinik herkam. Damit hat sie ja gearbeitet."

„Und Maria?"

„Die war gern auf der Terrasse mit dem schönen Blick auf den Mühlgraben."

Nach einer kurzen Pause, in der er die Augen wieder in Richtung seiner Schuhe hielt, starrte er mich voller Selbstmitleid an: „Ich habe die Frauen geliebt. Warum wollten die mich nicht, ich war doch immer gut zu ihnen …"

„Haben sie Ihnen das gesagt?"

„Ja, und dann fingen sie an zu schreien, wie meine Mutter. Da habe ich zugedrückt. Ich wollte nur, dass die aufhören. Dann habe ich es mir genommen … Auf der Schulter trug ich sie in die Büsche. Ich kam dann noch mal zurück, um ihre Füße und Arme festzubinden, mit den Bändern von meinem Koffer."

„Warum?"

„Sie sollten doch still in ihrem Grab liegen."

„Und weiter?"

„Dann tauchten irgendwelche Leute auf. Da bin ich abgehauen. Im Moor hatte mich ein Jäger gestört. Ich ging nicht mehr hin."

Es entstand eine Pause. Ich spürte, dass es in ihm arbeitete.

„Ich wollte diese Frauen vergessen."

Bei diesem Satz zuckten seine Mundwinkel verächtlich. Davor hatte er mit monotoner Stimme gesprochen, ohne Regung.

„Was für ein Grab?"

„Das dunkle, stille Wasser."

„Wozu brauchten Sie das Fahrrad?"

„Welches Fahrrad?"

Diese Erwiderung kam schnell, und sein Blick wanderte nicht aus.

„Hatten Sie Manuela auch gefesselt?"

„Ja, mit meinem Gürtel und mit einer alten Wäscheleine aus dem Kofferraum."

„Warum die Blume?"

„Als ich noch bei meiner Mutter wohnte, träumte ich davon, wie ich sie umbringen werde.

Ich trocknete Fingerhut. Damit wollte ich sie vergiften. Einige Blüten hatte ich in meiner Zigarettenschachtel immer dabei. Mir kam dann die Idee, denen eine Blüte in den Wundwinkel zu stecken."

„Beiden?"

Nicken.

„Warum?"

„Wegen ihr."

Manuela und Maria, M und M. Seine Mutter hieß Marta.

„Was ist mit den anderen Frauen?"

„Nein, es waren nur die beiden, ich bin froh, dass es ein Ende hat."

„Wir fahren jetzt zum Haftrichter."

Seekiste

Im Café Roma der Yachthafen Residenz Hohe Düne lag mein Blick auf dem Geschehen im Hafen …

Vor einem Jahr saß ich genau hier. Die Zeit hatte ich nicht gespürt, so schnell wehten die Tage mit Dienst und Sondereinsätzen durch die Jahreszeiten. Ich fühlte meine Sinne stumpf werden, für das Spiel des Meeres, sein Licht, die Klänge, vergaß den Geruch des Seewindes, seinen Geschmack …

„Bitte schön", servierte der Kellner meinen Grillo. Ich nahm einen langen Schluck aus dem Glas.

… ja, mit dem Wind eins zu sein, das hatte ich wieder einfangen wollen, die Elemente spüren, nur den Gestirnen folgen.

2005 war dieses Fünf-Sterne-Resort, eigens mit Sicht auf die Olympiabewerbung Berlins 2012, auf dieser Seite des Neuen Stromes entstanden. Das beste deutsche Segelrevier, wie Jochen Schümann Warnemünde nannte, hatte in der nationalen Entscheidung für die Ausrichtung der Segelwettbewerbe den Favoriten Kiel düpiert.

Jener dritte Oktober roch noch nach Sommer. Ab diesem Sonnabend-Feiertag hatte ich mich aus der Tretmühle meines Jobs gebucht.

Eine große Yacht lief ein. „Helena", 'ne dreiundfünfzig Fuß Segelyacht hatte der Skipper für 17:00 Uhr avisiert. Ich schaute auf meine Armbanduhr. Fast auf die Minute. Vis à vis am Außensteg K machte sie fest. Den Seesack, auf meine Sackkarre gebunden hinter mir her, im Kopf das Bündel mit meiner Legende als Mitarbeiter des Hafen- und Schifffahrtsamtes, treckte ich nach dem Steg. Das Halb-Inkognito hatte ich mir ausgedacht, als Versicherung gegen Nichtentspannung, und zu einem ehemaligen Fahrensmann bei der Handelsmarine passte das. Vor dem Schiff wartete schon einer mit seinen Siebensachen. Ich ging zuletzt an Bord.

„Helena" war nicht die Schönheit der aus einem Schwanenei geborenen Tochter des Zeus, aber für ein Charterschiff 'ne schmucke Lady.

„Malte, meine rechte Hand", stellte Käptn Hein ihn vor. Der Skipper machte Dampf: „Willkommen an Bord zur ‚Kleinen Atlantikroute'. Unser Auftrag heißt, das Schiff pünktlich und unversehrt nach Las Palmas an den Start zur Atlantic Rally for Cruisers, der ARC, zu bringen." Die Sicherheitsbelehrung und Einweisung in das Schiff fielen so kurz wie möglich aus. Wir legten ab, mit erstem Zielhafen Laboe. Hinter der Mole ließ der Skipper alles Tuch setzen, das Großsegel und die Fock. Rollsegeltechnik machte die Bedienung einfach. Die schwache Brise aus Südost schob uns achterlich auf dem Strich der rot blinkenden Tonnen des Fahrwassers hinaus. Voraus entfernte sich die AIDAmar, als Lichter-Weihnachts-Baum vor dem Schwarzblau der einbrechenden Nacht.

Das war doch eben erst, als ich den Neuen Strom von Warnemünde aus querte, da ragte die Spitze ihres Stevens an der Pier 7 am Passagier-Kai beinahe in das Anlegebecken der Fähre.

Bis zur Ansteuerungstonne folgten wir dem „Musikdampfer". Dort drehte die „mare" nach Ost in die Kadetrinne ab, wir in Richtung Fehmarn, auf 295°. – Tschüs, mein Zuhause.

Fix war klar, alles Nordlichter an Bord. Der Käpt'n kam von Großenbrode, Malte aus Lübeck und der Vierte, Jonas, war Flensburger. „Jim, Johnny und Jonas …", stimmte ich eine Zeile von dem alten Hawai-Seemanns-Lied an, „dien'n Namen kann ik mi gaud marken". Er schnackte kein Platt, konnte es aber verstehen. Jonas übernahm das Abendbrot. Die Zubereitung von Kartoffelgulasch, dazu klein geschnittene Würstchen, alles aus der Dose. Den Proviant hatten die beiden Schiffer schon auf Rügen gebunkert. Jonas erklärte sich mit der Funktion des Pursers einverstanden. Damit trug er als Zahlmeister Verantwortung für sämtliche Lebensmittelvorräte und die Bordkasse, in die jeder einzahlte. Nur der Skipper blieb nach Chartertradition außen vor. An mich fiel das Ressort, vor jedem Auslaufen unter Deck die Yacht seeklar zu machen. Dazu gehörten der Motorcheck, die Kontrolle der Bilge auf Sauberkeit und ob sich in dem Raum zwischen Kiel und Kabinenboden womöglich Leckwasser angesammelt habe, sowie die Prüfung auf Verschluss aller Bulleyes und Schapps. – Keiner mochte sich z. B. vorstellen, dass bei Krängung die Bestecklade aufflog und ihr Inhalt sich im Logis verteilte.

22:00 Uhr lag der Leuchtturm Bastorf an Backbord querab. Ab dieser Stunde galt das Wachregime. Ich war mit Malte eingeteilt. Meine Kajüte lag im Vorschiff an Steuerbord, Wand an Wand mit seiner. Unsere Wache begann in vier Stunden. Ich packte meinen Seesack aus. Obenauf lagen ein Schoko-Marzipan-Herz und ein auf rotem Papier geschriebener Brief. – Eene fiene Oewerraschung von mien Fründin, dat Engelchen. (Eine feine Überraschung meiner Freundin, das Engelchen.)

Ein langer Ton unseres Nebelhorns riss mich am nächsten Morgen aus dem Schlaf. 1000, lasen meine Augen die Zeit in nautischer Manier. Falsch, dachte ich, einmal lang und zweimal kurz muss das Signal sein, wir segeln doch. Da hörte ich den Skipper an Deck rufen: „Motor an, Segel bergen." Aller zwei Minuten schrie das Horn seinen Warnruf in die dicke, kalte Brühe. Nachmittags kamen wir dichter unter Land. Vor Laboe brach die Sonne durch. Nach dem Festmachen an der Pier saß die Crew zum ersten Anleger achtern in der Plicht, im nicht überdachten Cockpit, um den aufgeklappten Tisch. Ich schenkte ein vom Grande Reserva, den der Skipper spendierte. Aus meinem Glas gab ich einen Schluck in die See: „Der erste gehört Rasmus, dem Gott des Windes und Schutzpatron aller Seeleute." Die Gläser stießen aneinander.

Die neue Woche begann mit Fünf-Uhr-Wecken, zum Auslaufen nach Kiel-Holtenau.

Ein unterbrochenes weißes Licht am Signalmast der Schleuse bedeutete uns freie Einfahrt.

Als das Schleusentor sich auf der anderen Seite öffnete, lag der Nord-Ostsee-Kanal mit seinen rund einhundert Kilometern vor uns. Jonas ging Ruderwache. Ich genoss die Landschaft im erwachenden Tag. Mit dem Tuckern des Diesels gingen meine Gedanken spazieren …

Jede Meile bringt mich aus dem Alltag der Aktenflut auf meinem Schreibtisch, den Überstunden zu Straftaten in Flüchtlingsheimen, Attentatsmeldungen und Kopftuchdiskussionen. Und was ist mit Nonnen – drängt sich der bekannte Werbespruch für ein italienisches Nussgebäck gewandet dazwischen – deren Kopfgebinde und Schleier?

Wenn unsere Familie Europa heißen will.

Wenn das Heim des Nachbarn brennt, dann hilft unsere Familie beim Löschen, bietet Gastfreundschaft, bis die Nachbarn zurückkönnen.

Wenn, muss unsere Familie fähig sein, zu entscheiden, wen sie aus der Familie unseres Nachbarn aufnehmen kann. Haben sonst am Ende zwei Schwache keinen Starken mehr?

Warum gibt es in unserer Familie dazu keine Einigkeit? Warum organisieren wir die Hilfe für den Nachbarn nicht mit seinen Familienmitgliedern und den anderen Anrainern am Brandort …

„Aufstoppen!" Das Kommando des Skippers riss mich aus diesen Fragen ohne Antworten.

Jonas hatte uns in die Weiche gesteuert. Ein entgegenkommendes Containerschiff unter chinesischer Flagge passierte.

Mein Geist setzte schnell einen Haken hinter das Philosophieren, für das, was mir jetzt auf den Lippen brannte: „Der Nord-Ostsee-Kanal war oft das erste Land, nachdem wir um Afrika herum Richtung Heimat fuhren. Trotz aller Exotik auf den anderen

Kontinenten, das Spiel der Jahreszeiten hatte ich immer vermisst. Een Eikbom stellte ick mi vör, in satt-gräunem Kleed un vull dicker Eckern." (Einen Eichenbaum stellte ich mir vor, in satt-grünem Kleid und voll mit dicken Eicheln.)

Am Abend erreichten wir den Vorhafen der Schleuse Brunsbüttel. Ich steuerte „Helena" an den Steg. Zu der vor uns liegenden Motorjacht blieb nur ein Meter. Das Heck passte ebenso eng, allerdings um den Tribut unseres Flaggenstocks am Heckkorb. Der Traditionssegler hinter uns lag mit hochgeklapptem Bugspriet, aber dessen Höhe hatte nicht ausgereicht.

„Mast und Schotbruch?", griente Hein.

„Nö, nur Anbruch."

Hunger lenkte unsere Schritte an Land, die Nasen als Kompass. Ich ging neben Malte. „Du hast gestern von deinem Doktorvater geredet. In was hast du promoviert?"

„In Meeresbiologie." Eigentlich sei er von Baltrum, arbeite für verschiedene Fachzeitschriften als Journalist. Als ich nach dem Besuch der Hafenkneipe in meiner Koje lag, hängte sich fest … War unser Trinkgeld zu charmant? So vermachte man uns sechs unentzwei- nicht kenterbare, aus So-was-wie-Glas. An Bord eingeweiht mit Aquavit, ich trank blos einen – so'n Schiet.

Tag vier.

Ablegen bei Regen. Die Leitstelle hatte in ihrem Revierwetterbericht Wind aus östlicher Richtung mit Stärke fünf auf der Baufortskala angekündigt. Vor der Schleuse trug uns das fallende Wasser der Tide elbabwärts. Als die Küste an Steuerbord achteraus ging, spürten wir die volle Brise, die Böen mit sieben. Zwei Robben steckten die Köpfe aus den Wellen. Ich rief Malte zu: „Die wundern sich darüber, dass um diese Jahreszeit und bei so einem Schietwetter Segler unterwegs sind."

Der brummte neben mir etwas, das ein Ja bedeuten konnte. Nahm das Fernglas nicht von den Augen, stur vorausgerichtet.

„Was siehst du?"

„Nix, ik dacht nur."

Nur Nordsee-Insulaner sind wohl noch trockener als Mecklenburger – und wunderlicher. An Bord ist er auch der Einzige, der auf See und im Hafen die Tür seiner Kajüte ständig geschlossen hält, als ob dort ein Schatz vergraben wäre.

1800 lag die „Bunte Kuh" auf Helgoland in Sicht. Als Malte losquasselte, in seinem Friesenplatt, konnte ich ihn verstehen, bloß das Nacherzählen, das ging nur in meiner Warnemünder Aussprache: „De Kneip un de Helgoländer Pannfisch, dat möt sin. Dat is Dösch mit gebradenen Zipollen an Sempsauce un Brattüften." (Die Kneipe und der Helgoländer Pfannenfisch, das muss sein. Das ist Dorsch mit gebratenen Zwiebeln an Senfsoße und Bratkartoffeln.)

Tag fünf.

An diesem Morgen wartete ich vergebens auf Maltes Weckruf im Hafen:

„Reise, Reise, ein jeder stößt den Nebenmann, der Letzte stößt sich selber an, aufstehen." Stattdessen zitierte er: „Kuttel Daddeldu malte im Hafen mit Teer und Mennige den Gaffelschoner Claire …"

Als er in meine Kajüte kam, redete ich ihm vom Café Meyer in Warnemünde, wo Ringelnatz Stammgast war, als Mariner im Ersten Weltkrieg: „Heute ist das ein Hotel mit seinem Namen. Und mir fällt was ein, das zu deinem Vortrag passt: Wir hatten einen Schiffsmaschinisten, der gehörte schon zum Inventar; trug wie Klabautermann das rote Haar; von La Paloma bis Kuttel Daduuu rezitierte er die alten Kisten."

Draußen, auf dem Meer, rief der Skipper das Kommando für den schnellsten Weg am Wind: „Matthias, voll und bei." Ich steuerte nach Luv, fiel um wenige Grade ab, luvte wieder an, spielte mit dem Wind um volle Segel. Als Baltrum nach zwölf

Glasen querab lag, redete Malte: „Mien Öllernhus kann ick nich seihn. Dat deit dat schon lang nich mier gäben. Mudder und Vadder läben nich mihr, Verwandte heff ick hier kein-ein." (Mein Elternhaus kann ich nicht sehen. Das gibt es schon lange nicht mehr. Mutter und Vater sind gestorben, Verwandte habe ich hier keine.)

In seiner Stimme schwang Bitterkeit. Am Backbordruder stehend, sah ich in sein Gesicht. Maltes Blick lag auf der Insel. Ich nickte in seine Richtung, als Zeichen, das ich verstand.

Hatte ich eben die Quelle seiner Brüche erfahren? Unsere Kindheit prägt die Seele, hallt in unserem Fühlen, Denken, den Taten, so weit der Wind uns auch trägt …

Und die Welt hat eine Erwartung. Deine Freiheit ist es, zu erfahren, das Segeln fühlen lässt, aus deinem Schatten zu treten, deine Farben zu sehen. Oder ein Spiel mit gezinkten Karten, der eigene und anderer Knecht sein. Werden wir mit dem Licht unserer Begabungen glücklich, wenn es uns gelingt, in die schönen Eigenschaften unseres Charakters zu treten? Läufst du auf eine Sandbank, fühlst dich fremd, alles, die Versuchung ist da, auf des Beelzebubs Seelenverkäufer anzuheuern. Dachte unser Fritz Reuter an das, als er in seinem Buch „Ut mine Festungstid" schrieb: „Ja, äwer wecker Weg was de rechte?" (Ja, aber welcher Weg war der richtige?)

Eine gute Meile entfernt, schob sich an Steuerbord ein Autoliner vorbei.

Tag sechs, Donnerstag, Seemannssonntag.

Schon als die Schiffe noch aus Holz, die Matrosen aber nicht mehr wie Eisen waren, entwickelte sich aus der alten Überzeugung, dass hungrige Wölfe schneller laufen, ein neuer Brauch, der außer dem Sonntag an einem zusätzlichen Tag in jeder Woche eine besonders gute Mahlzeit für die Besatzung bereithielt. Das sollte Moral und Gesundheit an Bord heben.

Deshalb gab es heute zum Frühstück Eier nach Wahl und frische Brötchen. Der Skipper hatte den Seefunkkanal 61 eingeschaltet. Die Erkennungsmelodie von „DP 07" , der privaten deutschen Küstenfunkstelle mit ihrem Seewetterbericht für die Nord- und Ostsee, ertönte; das Menuett aus dem Klavierbüchlein für Anna Magdalena Bach von Johann Sebastian Bach.

Wieder auf dem Meer schwand das Eiland achteraus. Maltes Blick lag dort: „Hier habe ich auf einem Schlickrutscher Segeln gelernt. Fielen wir trocken, zogen wir das Schwert raus und spielten auf dem Boden unseres Bootes Halma, bis das Wasser wieder stieg."

Die erste Zeile eines der Lieder von „Santiano" lag mir im Sinn: „Alle, die mit uns auf Kaperfahrt fahren, müssen Männer mit Bärten sein." Meinen ließ ich wachsen. Wie seinerzeit, wenn es auf große Fahrt ging. Noch nicht lang her, beim Stöbern zu dem Vitalienbruder Klaas Störtebeker war ich auf die Originalzeile dieses alten flämischen Volksliedes gestoßen: „All de willen te kapren varen." Nun dämmerte es. Bei einer Seeschlacht mit der Hanse wurde der Freibeuter-Hauptmann vor der Insel festgenommen und auf deren Führungsschiff „Bunte Kuh" nach Hamburg gebracht. Deshalb hatte mir der Name der Helgoländer Kneipe so bekannt geklungen.

Das Thermometer zeigte 4° C. Ich zog ein zweites Paar Socken in die Seestiefel.

Tag acht.

Gestern trugen die Strände noch holländische und belgische Namen, nun hießen die Küsten Alabaster, Normandie, und ihre Häfen Bologne sur Mer, Le Havre – Basstölpel und Papageientaucher begleiteten uns um das Cap d'Antifer –; den Null-Meridian passiert, liefen wir durch die Baie de Seine. Als das Kap Pointe de Barfleur fast backbords lag, schlugen die Wellen höher, rauer, weißer, schienen von allen Seiten auf uns zuzulaufen, stürzten

„Helena" plötzlich in ein tiefes Tal. Der Skipper kam an Deck. „Das Schott dicht, falls die See an Deck schlägt. Hier trifft der Atlantik auf die Kanalwelle. Der Meeresboden vor der Küste steigt hier über eine nur kurze Distanz von 46 auf 27 m Wassertiefe an. Hinzu kommen der Gezeitenstrom und die Windsee." Dann Cherbourg … Bonjour … mon amour …, das klang so schön nach französischer Lebensart. Hier sahen wir die ersten Palmen.

Tag fünfzehn, der siebzehnte Oktober.
Der Nautical Almanac Reeds, das jährlich erscheinende nautische Kompendium, lieferte uns in englischer Sprache alle Informationen für das Seerevier. Danach lief in St. Peter Port auf Guernsey das zweite Hochwasser mit 8,7 m um 2119 in Localtime auf. Ich rechnete, unter Berücksichtigung von Strom und Wind, eine durchschnittliche Geschwindigkeit von vier Knoten Fahrt über Grund. Plus-minus eine Stunde sollte unsere astimated time of arrival betragen, um mit einem Meter Sicherheit die Handbreit Wasser unterm Kiel zu haben. Also 1200 Auslaufen. Das schlug ich dem Skipper vor.
Mit Halbwindkurs und schiebendem Strom machten wir gut Fahrt. Am Kap de la Haag kabbelte die See. Die unterschiedlichen Meeresströmungen, die hier aufeinanderprallten, ließen die Wasseroberfläche wie in einer Waschmaschine aussehen. „Solche Stellen sollte man nur mit dem Gezeitenstrom befahren", stellte Hein klar. Ich dachte an das Symbol der doppelten Wellenlinie in der Seekarte.
Alderney kam in Sicht, die nördlichste der englischen Kanalinseln vor der französischen Küste. Verwaltungstechnisch gehört die Insel zu Guernsey. Die dritte ist Jersey. Mein Gedächtnis blätterte die Informationen in einer großen deutschen Tageszeitung auf: Als sogenannte Kronbesitzungen seien sie keine Kolonien,

auch nicht Teil des UK, sie unterstehen direkt der Krone, sind eine der europäischen Steueroasen.

An Backbord setzte Jonas die gelbe Flagge, den Buchstaben Q als Zollstander, der anzeigte: An Bord ist alles gesund: Bitte um freie Verkehrserlaubnis.

Meine Gedanken spulten zurück: In Cherbourg, die Mannschaft brach im Logis gerade vom Frühstückstisch auf, da klopfte es am Schiff. „Capitain?", rief jemand vom Steg. Der Skipper stieg die erste Stufe des Niedergangs hoch, steckte den Kopf aus dem Luk: „Hello, what's up."

„Are you the captain?"

„Yes, I am."

„We would like to come on board, the French customs."

„Please, come on bord."

Drei Herren in Zivil wiesen sich aus. Der Skipper bot Kaffee und Mineralwasser an. Sie lehnten dankend ab. Ihr Wortführer fragte nach unseren Berufen und dem Woher und Wohin. Einer prüfte die Personaldokumente und machte, am Kartentisch sitzend, Notizen. Der dritte ließ schweigend seinen Blick wandern. Ich folgte ihm. Auf Malte blieb er länger liegen. Mehrmals fasste der sich an die Nase, als müsse er etwas wegputzen. Warum war Malte so nervös?

Sonntag.

Draußen sandte der Morgen sein orangefarbenes Licht über den Horizont. Im Hafen stand ich gern mit der Sonne auf, genoss den erwachenden Tag, den vielen Platz im Sanitärbereich der Marina, die ungestörte Zeit für Frühsport danach. Namaste, grüßte ich das Meer und schickte meinen Blick bis zum Horizont. Eine kühle Brise wehte von der See. Deshalb verzog ich mich für meine Übungen in den Windschatten des Hafengebäudes. Fast am Ende des Pensums hörte ich Maltes Stimme von der Giebelseite. Er telefonierte. Seine Aufgebrachtheit machte mich neugierig.

„Ich weiß nicht, wie ich das ein zweites Mal überstehe. Wie ein Schüler, der beim Lügen erwischt … leck mich!" Eine längere Pause entstand. Nun mit ruhigerer Stimme: „Jaa, mach ich. Las Palmas. Du meldest dich. Danke, tschüs."

Ich beendete das Programm mit dem Qigong-Gruß, nahm meine Waschsachen auf und schlenderte um die Hausecke. Malte war nicht mehr da.

Du hast Urlaub, das kann wer weiß was bedeuten; versuche nicht mehr zu sehen, als sich zeigt.

Ich verbot mir Fragen, denn ich kannte nicht das Was, und ich wollte es nicht wissen.

Vor unserem Schiff lag auf dem Steg ein Schneckenhaus.

Am Mittag, die Mannschaft saß bei Tisch, grollte ein Kanonenschlag von der Hafenfestung Castle Cornet herüber. Der Skipper stand auf: „Das ist die Gun Firing Ceremony. Die Leute hier stellen ihre Uhren danach. 1400 ist Auslaufen."

Als das Land langsam hinter den Horizont sank, durchfurchten Rückenflossen die Wellen. Ich legte mich am Bug aufs Deck. Zwei, drei, dann fünf Delphine schwammen dicht unter der Wasseroberfläche nebeneinandergereiht, vielleicht zwei Meter nur entfernt von mir. Ich sah in ihre freundlichen Gesichter. Der Tümmler in der Pole-Position drehte sich auf die Seite, stupste seinen Bauch gegen die Bordwand und schoss wie ein Pfeil quer vorm Bug davon. Die anderen rückten nach, stoßend, drängelnd, als könnten sie es nicht erwarten, beim Vergnügen mit dem neuen großen Spielkameraden dabei zu sein.

Die bretonische Küste entlang, über L'Aber Wrac'h, wurde auf Quessant weithin sichtbar Ushant Ligthouse zu unserer Kursmarke für die Einfahrt in den Golf von Biskaja. 2000 noch 17° C. Die Zeit der Seestiefel und langen Unterwäsche schien vorbei. Orions Gürtelsterne in der Saling leiteten mich am Ruder durch die Nacht. Blaugrün leuchtete das Plankton im Schraubenwasser. In der Morgendämmerung sank der Mond, gegenüber stieg Venus auf, als seien sie die Schalen einer Waage.

Zu Hause glaubt mir das keiner, dass ich Ende Oktober so durch die Biskaya fahre.

Zum Wachwechsel schaute ich mich um. Kein Seezeichen, Land oder Schiff in Sicht. Das erste Mal auf dieser Reise. Ich kroch in den Schlafsack. Mir fielen die Augen zu …

Auf dem rapsblütengelben Rettungskragen sitzt achtern warmbraun gefiedert eine Nachtigall, fliegt durch das offene Luk in meine Kammer, setzt sich auf …

Ich erwachte aus diesem Traum. Hatte mich der Seekoller am Bootshaken?

Tag zwanzig.

Frühstücksduft zog durchs Deck, als die Wache rief: „Spanien in Sicht!" Das Thermometer kletterte auf zwanzig Grad. La Corunia begrüßte uns mit schmucken, weißen Veranden vor den Fassaden der Häuser und einem hübschen Menschenschlag.

Zwei Tage später, am vierundzwanzigsten Oktober, brachen wir von hier auf, die Iberische Halbinsel zu umrunden, entlang am Cabo Finisterre nach Baiona, dann dem Rio Tejo zu, bis Cascais, um das Cabo de Sao Vicente. Der Skipper hatte auf das schwedische Wachsystem umgestellt. Zwei am Tage, von sechs bis sechs, dann weiter aller vier Stunden, so wechselten die Zeiten. Wieder wurde in den Häfen frischer Proviant gebunkert, Mittagessen gekocht. Darin teilte sich die Mannschaft. Elf Tage, einer glich dem anderen im Spiegel aus Segelspaß, bis Portimao. Die Wellen im Hafen schlugen gegen die Bordwand, glucksten mich in den Schlaf. Der letzte Traumgedanke ließ mich in der Koje aufsetzen: … aus dem Curry im Schneckenhaus der Aula in Regenbogenschritten. Ich suchte nach der Bedeutung.

Angenehm wehte die Nacht ihre Frische durch das angekippte Deckfenster herein. Am Abend hatte ich meine Trinkflasche in der Pantry stehen lassen. Ich stand leise auf. Unter der Tür von Maltes Kammer zeichnete sich ein schmaler Streifen Licht ab. Neugierig geworden schlich ich an Deck, barfuß, katzengleich bis zu seinem Fenster. Es war geschlossen. Vorsichtig beugte ich mich über das Glas, sah hinein. Auf der Koje lag tatsächlich ein Revolver. Malte öffnete einen Reißverschluss in seinem Rucksack. Dort hinein verstaute er den Colt. Zurück in meiner Kajüte schaute ich auf die Uhr. Rund eine Stunde war erst vergangen, seit der Skipper die Besprechung für den weiteren Törn beendet hatte, die Gläser Rum ausgetrunken standen.

Warum brauchte Malte eine Kanone? Was ist da im Busch? Welche Suppe hatte er sich und nun auch mir eingebrockt? Sein übriges Verhalten und das, was ich mit angehört hatte, reimten sich dazu; aber wozu? Unter seiner und meiner Koje befanden sich die Stauräume für Werkzeug und Ersatzteile. Ideal als unauffälliges Versteck, wenn man etwas schmuggeln wollte. Was machte Sinn, einen entsprechenden Schnitt, von Deutschland bis auf die Kanaren … Schwarzgeld.

In Fünfhundert-Euro-Scheinen. Eine Million, ich rechnete im Kopf schnell runter, das sind zweitausend Scheine; zwei sind viertausend. Ein unauffälliger Batzen.

Das Prinzip von Befehl und Gehorsam kennt einen Spruch: „Melden macht frei." Musste ich den Käpt'n damit belasten? Schon mit geschlossenen Augen sagte mein Inneres, das sollte mit größerem Blickwinkel entschieden werden.

Tag dreißig, der erste November.
Heute Morgen wurde ich zum Telefonierer. Unter Palmen, gesäumt von blühenden Oleanderhecken, ging ich, auf Mithörer nicht bedacht, in Richtung Mole.

Dietmar. Ihn hatte ich während der Ermittlungen in der Sache SOKO Manuela kennengelernt. Er arbeitete damals beim BKA und war seit einiger Zeit deren Verbindungsmann zu EURO-POL. Ihm diktierte ich meinen Steckbrief, einschließlich Maltes Telefonnummer.

Wir verließen die Küste Europas für den großen Schlag, die rund 500 Seemeilen bis Madeira.

„180° liegen an", meldete ich Hein den ausgeführten Befehl für den Kurs.

Rundlich in den Hüften erinnerte er mich, mit seiner bommellosen Wollmütze auf dem Kopf, an einen Brummkreisel. Für einundsiebzig stieg er den Niedergang ins Logis behände hinunter. „Recht so", kam seine Bestätigung.

Kaum, dass der Hafen hinter uns lag, braute sich über der Kimm eine immer schwärzer werdende Wolkenwand zusammen. Rasmus blies die Backen dick. Zweimal gerefft, stand nur ein Fetzen als Fock und Groß. Damit lag unsere Yacht mit ihren 53 Fuß immer noch so weit auf der Backe, dass ich fester in das Ruder greifen musste, um sie am Wind halten zu können. Ihr Bug stand manchmal hoch in der Luft, dann wieder wurde er tief in die Wellen geschoben. Fiel er hinein, lief ein Zitter-Beben durch das ganze Schiff. Gischt zischte über Deck. Der Bug geriet außer Sicht. Die See rollte unter dem Schiff weg, schlug in die Plicht. Die Wolken hingen tief. Blitze zuckten ihr bleiches Licht in das Spektakel nieder. Der Sturm pfiff sein Lied in den Wanten. Regen stand als eine Wand am Mast. Der Klabautermann schien von dort zu lachen. Das klang wie: „Seemann, es wird härter kommen." Donner grollte. Hagelkörner schnitten mir ins Gesicht. Wie von unsichtbarer Hand gepackt, wurde die Yacht aus dem Wasser gehoben und einmal um die eigene Achse gewirbelt. Dem Windgott sei Dank, er setzte unsere Lady wieder auf Kurs. Doch nicht einmal holte er Luft, ließ uns keine Atempause. Es galt, die Ohren steifzuhalten. Ich leckte mir das Salz von den Lippen.

Halbstündlich lösten wir uns am Ruder ab. In der Freiwache war an Ruhe, gar Schlaf, nicht zu denken. Jeder Schritt unter Deck wurde zu einem Kraftakt. Erst in der Koje spürte ich die Salzkruste im Gesicht. Ich verkeilte mich mit den Beinen in die Seitenwände, gerüstet für den nächsten Fall in ein Wellental, der mich erst gefühlte zehn Zentimeter hochfliegen und danach mit Verzögerung hart aufschlagen ließ. Basecap und Sturmhaube behielt ich auf, um den Kopf zu schützen. Nur für Sekunden döste ich ein. Am Tag fünf unserer Odyssee ging strahlend die Sonne auf, lachte mir die Müdigkeit aus Lidern und Gliedern. Der Wind hatte gedreht, wehte den Atem der Sahara. Nur die alte See zeugte noch von seinem Toben. Vorbei war die Zeit, in der wir uns von Äpfeln, Müsliriegeln und Mineralwasser ernährten. Malte und ich saßen in der Plicht achtern nebeneinander.

„Een büschen Rauh hebben wi uns verdeint", fing er an, „Dat wi na all dit so gaut tausamenstahn, is een Teiken." (Ein bisschen Ruhe haben wir uns verdient. Dass wir nach all dem so gut zusammenstehen, ist ein Zeichen.)

Da spürte ich sein und mein Seelen-Zitter-Beben. Ich dachte, das ist Maltes weiche, gute Seite. Über unser Gespräch in der Wache davor hätte ich jetzt fast losgelacht. Am Ruder hatte er mich gefragt: „Wo ist das Klopapier?" Nicht einen Wimpern-schlag überlegte ich: „Dat is mi schietegal." Dann wurde mir die Verbindung dieser Worte gewahr. Ich setzte ein Grienen mit Text hinten dran, aber er: „So kannst du nicht mit mir reden", hatte mich nicht verstanden. „Ik bin fix un all, nimm Küchenrolle." Meine Rechte fiel nun schwer auf Mantes Oberschenkel: „Jooo." In diesem Augenblick legte er seinen Arm um mich: „Villicht is dat dat letzte mal, dat wi beid hier so sitten."(Vielleicht ist das, dass letzte Mal, dass wir beide hier so sitzen.)

Den Blick auf den Wogen zogen meine Gedanken mit ihnen fort in die Gassen von Cascais. Wellenmuster liefen unter unseren Füßen davon, gefügt aus schwarzem und weißem Stein. Da redete der Skipper von den *Drei Schwestern*: „Ein sich deutlich von den durchschnittlichen Wellenhöhen abhebender Wellenberg kommt selten allein. Du musst scharf Ausguck halten, damit du die anrollende Wasserwand rechtzeitig erkennst, um Bug oder Heck hineinzusteuern, ihre Gewalt damit zu entschärfen. Erwischt so ein Kaventsmann dich von der Seite, kentert dein Schiff."

In meinem Kopf strandeten die drei psychischen Schwestern … Der unzulänglichen Ich-Stärke folgt die geringe Frustrationstoleranz, bis schließlich der Ersatz real vorhandener Mängel in andere Fähigkeiten sich ergießt. Trifft dieses Bild auf Malte zu? Einmal hatte er den Aufstieg seiner Mit-Kommilitonin erwähnt: „Sie ist Leiterin des Institutes für Meeresforschung in Warnemünde." Und er? Nicht mal ein Forscher, ein unbekannter Journalist.

Selbstwertkonflikte führen zu mangelnder Beziehungsfähigkeit; Misserfolg wird so stark, dass dich die Hoffnung auf Erfolg verlässt, du wirfst die Flinte ins Korn. Aber du suchst nach Erfolg, Entspannung, befriedigendem Selbstwertgefühl. Wurde in dem Gefüge der psychischen Bedingungen für ihn eine Sucht zur Selbsttherapie gegen die eigene Schwäche? Hatte er die Substanz gefunden, die diese Gefühle als Rausch verspricht, dann suchte er nicht mehr. Stehen nicht immer dieselben Fragen-Schilder auf dem Weg von Ursache und Wirkung? Ich hatte mir vorgenommen, nicht mehr darüber nachzudenken.

In der Freiwache saß ich mit einem Pott Kaffee an Deck. Die Sprayhood schützte mich vor dem Fahrtwind. Die nassen Freunde mit den freundlichen Gesichtern begleiteten uns wieder. Im T-Shirt hielt ich mein Gesicht in die Sonne, schloss die Augen …

Ich hatte Malte beschrieben: ca. 180 cm groß, scheinbar sechzig Jahre alt, blaue Augen, Brillenträger, grauer Vollbart. Besonderes Merkmal: Weicht im Gespräch dem Blick aus.

Wenn man miteinander redet, sprechen doch immer zwei Sprachen. Passen dabei Worte und Körpersprache zusammen, sind wir glaubwürdig. Maltes Augen ließen diese Prüfung nicht zu. Deshalb drehten sich von meiner Seite unsere Gespräche während der Wache hauptsächlich um die Aufgabe. Selten quasselten wir einfach, was uns in den Sinn kam. Mochte es für ihn mit dem zusammenhängen, was sich für mich inzwischen ein Stück offenbart hatte, mir ging es seit diesem Grund ebenso.

Mit der Dämmerung bezog ein breites Wolkenband die Kimm. Es schien, als hielten wir auf Berge zu. Weiße Glut strahlte über ihren Kämmen. Von den dunklen Hängen strömte glühende Lava hinab ins Meer.

Noch 115 sm. Einen Tag hatten wir durch den Sturm verloren. Am nächsten Morgen weckte mich Jonas' Ruf: „Land voraus." Nach dem Festmachen in Port Funchal hieß das Kommando: „Rein Schiff." Erst danach „Entspannung".

Ich aß lamp in der Rua de Santa Maria, mit den bunt bemalten Türen and other kinds of art. Geschminkte Mandelaugen, Streisand-nose, servierte sie das gelbe Inselgesöff so munter im Donna Maria. Die Crew redete vom Stuhlkreis, den wir nicht brauchten. „Verabschiede mi mol von de Servicelady", tauchte ich unter und bald back an Deck: „Herzlich – keine Einzelheiten werde ich nennen – verriet mir die Schöne das recipe des Poncha und ihren First-Namen – secret – und zum farewell einen Zeigefinger-Luftkuss ihrer roten Lippen."

So gefiel es der Mannschaft, vom Oberbootsmann zu hören, befördert durch des Käpt'ns Hand.

Tag siebenunddreißig, Sonntag, den achten November legten wir 1000 ab zum letzten Törn. Einer Walrossdame gleich, schob „Helena" ihre rund achtzehn Tonnen aus dem Hafen in die schwache Brise mit Sonnenwetter. In der nächsten Nacht schenkte uns Venus, unter dem Polarstern, ihr Laternenlicht.

Als 2200 die Wachablösung an Deck stand, schlug ich die Arme zuerst um Hein. „Wir müssen uns umarmen", dann bei Jonas und Malte, „Warum, fragt ihr? In dieser Nacht vor 26 Jahren habt ihr uns so toll aufgenommen. Oder, um es mit Christa Wolf zu sagen: ‚uns eure aufmerksame, kritische Sympathie zugewandt'."
„Ja, richtig, der Schabowski." Malte fand zuerst die Worte.
Der Skipper fragte: „Un, is dat gaut so?"
„Klor, süss weeren we tausamen nich hier", meine Arme ausgebreitet, Hein und Malte eine Hand auf die Schulter gelegt, nickte ich Jonas zu, so den Kreis zu schließen, und stimmte lächelnd an: „Vorwärts und nicht vergessen, die Solidarität!"
„Bertolt Brecht."
„Sehr gut, Malte."

Tag einundvierzig, Donnerstag, der zwölfte November.
Spätnachmittags liefen wir auf Las Palmas zu. Nicht übersehbar das Gewirr hoher Masten. Die blauen Wimpel der Wettfahrt gehisst, die bunten Buchstabenflaggen des Signalalphabetes über die Toppen geflaggt, zeigte die Flotte der ARC in dem für sie reservierten Hafenbecken schon ihre farbenfrohe Erwartung auf die Eröffnungsveranstaltung am Samstag.
Eine Yacht fiel auf. Nicht eine Flagge wehte dort. Auf der anderen Seite desselben Steges machten wir, mit dem Heck nach dort wie sie, genau ihr gegenüber fest. Weder Mann noch Maus konnte ich an Bord ausmachen. Hussen aus Segeltuch umhüllten Steuerrad, Instrumente und Winschen. Ein Hinweis auf …? Der tiefschwarze Rumpf, das Deck aus Teakholz, achtern lief es ins Cockpit, zu einer Fläche mit Platz zum Shuffleboard spielen; wahrscheinlich die teuerste hier. Auf der neben ihr liegenden Hood 55 hatte man die Gastlandflagge verkehrt herum gehisst. Unauffällig ein Zeichen im wehenden Meer …? Laut Order berichtete ich per WhatsApp Dietmar von beiden Ungereimtheiten. Als Malte mit der Ankündigung, duschen zu gehen, von Bord

ging, schloss ich mich ihm an. Ein normaler Vorgang, wenn nicht jetzt und hier. Er trug seinen Rucksack auf dem Rücken, wie jedes Mal. Waschzeug und Wechselwäsche darin zu verstauen, machten dessen Größe plausibel. Seit Portimao dachte ich: groß genug, die Waffe und das Corpus Delicti zu transportieren.

Die Mannschaft ließ sich im Cockpit nieder, genoss das Ankommen. Ich nippte an meinem Glas Gin. Nach Salz, Muscheln und Tang schmeckte die Brise, gefüllt mit den Lauten des großen Hafens in der Ferne. Den langen Schatten sah ich zu, wie sie sich auflösten im Restlicht des Tages, bis die künstlichen Leuchten ihre warfen. Ruhe kehrte ein, auf den Stegen, im Schiff. In meine Koje legte ich mich angezogen, die Hände hinter dem Kopf, wartete.

„In flagranti, wir wollen die Organisation", hatte Dietmar betont. Ein Geräusch. Es schien aus Maltes Kajüte zu kommen. Langsam richtete ich mich etwas auf. Meine Tür stand wie gewöhnlich offen. So konnte ich ins Logis sehen. Das Licht der Nacht fiel durch die Fenster. Eine Gestalt bewegte sich aus meiner Richtung auf das Schiebeluk zu. Von dort kam das nächste Geräusch. In der Öffnung zeichnete sich Maltes Silhouette mit dem Rucksack ab. Ich tippte schnell an Dietmar move, das vereinbarte Stichwort, zog mir die bereitgehaltene Sturmhaube über den Kopf und spähte durch mein halb geöffnetes Deckfenster. Malte betrat die schwarze Yacht. Unter deren Sprayhood spiegelte sich kurz das Licht der Lampe auf dem Steg. Er nahm seinen Rucksack ab, reichte ihn in das Dunkel dort. Schatten huschten schemenhaft über Deck. Malte ging geräuschlos zu Boden. Etwas Langes, Dunkles lag dort, wo er eben … das wurde von Bord getragen, etwas Zweites, beides, ich meine in ein Tauchboot, gehievt, deren vage Umrisse erst jetzt neben der Yacht erkennbar wurden. Ich japste mit offenem Mund nach Luft. In der Anspannung hatte ich vergessen zu atmen. Danach glaubte ich fast an einen Traum. Friedlich lag das schwarze Schiff im Schein des Mondes.

Dietmar vertraute mir später an, es seien drei Millionen Euro gewesen. Malte habe sich auf den Schmuggel eingelassen, um eine nicht geringe Summe zurückzahlen zu können, die er in der Travemünder Spielbank verzockt hatte.

„Haben Sie noch einen Wunsch?" Der Kellner im Café Roma trat an meinen Tisch.
„Danke, ja, einen Espresso einfach, bitte."

Felix

Hohe Schleier hingen vor der Sonne, ließen ihr nur Milchglasschein. Ein kalter Morgen in Warnemünde. Niedrigwasser, denn der Wind wehte von Land. Ich nahm den Durchlass in der Molenmauer auf den Strand. Leise knackte gefrorener Sand unter meinen Sohlen bis zum Saum der See.

Mein erstes arbeitsfreies Wochenende seit langem wollte ich mir allein gönnen, mich freilaufen am Meer.

Letzten Sonntag hatte ich nicht geahnt, dass mich der Fall, mit dem mich der Leiter der Diensthabenden Gruppe des Kriminaldauerdienstes aus dem Wochenend-Frühstücksritual in der Coffeebar am Kirchenplatz geklingelt hatte, eine ganze Woche in Atem halten würde.

„Nach meinem Plan hast du Bereitschaft – und hier wartet Arbeit auf dich."

Der Wachführer des Hauptreviers in der Ulmenstraße empfing mich mit den Unterlagen und der Info: „Die Betreuerin des Tatverdächtigen wurde benachrichtigt und ist auf dem Weg hierher."

„Was machst du hier, Eike?"

„Aushilfe, das halbe Revier ist krank. Nur einen Streifenwagen habe ich draußen."

Die Streifenbesatzung meldete sich über Funk. Eike und ich gaben uns flüchtig die Hand.

Der einundzwanzigjährige, vorläufig Festgenommene saß im Zentralgewahrsam, das im gegenüberliegenden Gebäude des Polizeiquartiers lag. Hier quittierte ich die Übernahme der Effekten und der sichergestellten Beweise. Seine Utensilien, in einer Plasteschale im Schreibtischschubladenformat, klemmte ich mir unter den Arm, stieg einen Stock höher in den Raum für Vernehmungen.

Nach dem Studium der Unterlagen fasste ich den Stand der Dinge für mich zusammen:

Eine Bürgerin im Barnstorfer Weg hatte beim Ausschütteln ihrer Federbetten aus dem Schlafzimmerfenster festgestellt, wie ein junger Mann das Nachbarhaus über die Tür zum Hof verließ. Da sie dort alle Bewohner gut kannte, ging sie von einem Besucher aus. Eine Ahnung, die in der Art seiner Bewegung lag, störte sie. Deshalb blieb die spätere Zeugin am Fenster, beobachtete weiter. Als der Verdächtige etwas aus dem Rucksack nahm, das nach einem Einweckglas aussah, es öffnete, daraus mit den Fingern Gurken fischte und sich die in den Mund stopfte, war ihr Misstrauen groß. Sie rief die 110.

In der Schale mit den Sachen des Verdächtigen legte ich meine Hand auf ein Schraubdeckelglas mit einem handgeschriebenen Etikett: Gewürzgurken. Das Glas steckte in einer Tüte aus Plaste, auch mit einem Aufkleber, beschriftet als Position 01. Ich verglich die Angabe mit der Eintragung auf dem Protokoll der Durchsuchung. In der Spalte darunter stand als Position 02 eine weitere Plastetüte in der Schale vermerkt: Bund mit vierzehn Sicherheitsschlüsseln. Auf einen starren Draht gefädelt, waren dessen Enden zurückgebogen und ineinandergehakt. Ich zählte durch. Die Anzahl stimmte. Das Schlüsselbund ähnelte dem eines Kerkermeisters. – Nun saß der Experte selber ein.

Beide Sachen stellte ich vor mich auf den Schreibtisch.

Ich kannte die Tat-Gegend gut, schon aus der Zeit des Überall-Zerfalls und auch ihrer Entwicklung zu einer beliebten Einkaufs- und Kneipenmeile mit Hilfe von EU-Mitteln in den Jahren danach. Ein Innenhof, gartenähnlich, mit geschnittenen Hecken und alten Obstbäumen, verband das Häuserkarree, seine Hausdurchgänge den Hof mit den angrenzenden Straßen.

Was hatte ich noch an Fakten: Als Ort der Festnahme, Durchsuchung und Sicherstellung steht der Hof im Protokoll. Die Personenbeschreibung „roter Rucksack" und „blaue Pudelmütze" war eindeutig. Ebenso die Feststellung eines Kellereinbruchs in dem betreffenden Haus. Nur das Glas Gurken fehlte, bestätigt durch den Staubrand der Leerstelle im Regal. Weiter, der Brandgeruch im Haus. Unter der Kellertreppe werden die Reste eines Papierfeuers gefunden.

Möwengeschrei.

Über der Düne ragte fahnenästig eine Kiefer – Briseflüchter.

Moosbärtig lag die Reihe steinerner Wächter vor dem Strand.

Nach Wilhelmshöhe stieg das Kliff an und meine Schritte …

Kellereinbruch und Feuer gelegt.

Den Drücker für die Klärung des Falles hatte ich in der Hand, gleich vierzehnmal.

Jeder der Sicherheitsschlossschlüssel unterschied sich. Die aufgeprägten Zahlen und Buchstaben würden dem Profi die Schlüsselfirma und das Schließsystem verraten. Ich nahm den Hörer ab und wählte den Schlüsselnotdienst. Nach den Hinweisen meines Gesprächspartners griff ich einen Schlüssel seiner Firma heraus. Der gehörte zu einer Schließanlage in der Ottostraße, einem Haus des Hofkarrees.

Mein Telefon klingelte: „Die Betreuerin? Danke, ich komme!"

Lockenwicklerlocken gaben ihr etwas Muttihaftes. – Alttörnsch, würde meine Freundin sagen.

Aber vielleicht ein Vorteil in ihrem sozialpsychiatrischen Job.

„Sie wissen sicher, er ist aufgrund einer Gehirnhautentzündung in seiner Kindheit geistig behindert. Meinen Sie denn, es lohnt sich, dass Sie mit dem Jungen über die Sache sprechen?"

„Bestimmt."

„Im März hatte ich ihn schon einmal hier abgeholt. Ihre Kollegen meinten damals, weil in seinem Schwerbehindertenausweis 100 % steht, habe das keinen Sinn."

„Ich habe das im System gelesen. Nach dem Gesetz ist er damit schuldunfähig. Das heißt nicht, dass er sich keiner Schuld bewusst ist. Das, und die Tatumstände sollten wir mit Felix' Hilfe klären. Damals war er für uns Ersttäter, und es ging nur um einen Kellereinbruch mit geringem Schaden. Heute sieht das anders aus. Ich schlage vor, wir hören von ihm, was passiert ist. Wird das gehen?"

„Ja. Ich glaube, er weiß, dass er etwas Falsches getan hat. Nur die Tragweite … Es wird gut sein, ihm ein Stoppschild zu setzen."

„Ich werde seine Aussage als Befragung protokollieren."

Als sich die Zellentür öffnete, ging der junge Mann freudestrahlend auf seine Betreuerin zu.

Dann streckte er mir seine Hand hin: „Ich bin Felix."

„Der Kriminalist möchte mit dir darüber sprechen, warum du hier bist."

Felix zog seine Hand zurück. Eben noch fröhlich schaute er nun auf den Boden.

„Felix, sieh mich an. Ist das in Ordnung für dich?"

Er schaute erst seine Betreuerin an, dann mich. Ich lächelte. Er nickte.

Ich ließ ihn zuerst in das Vernehmungszimmer eintreten: „Felix, Sie können sich einen der Stühle aussuchen, aber der hinter dem Schreibtisch ist meiner."

„Danke, ich bin Felix."

Ein langer Lulatsch, die Arme wirkten zu lang, die Schuhe zu groß, sympathisch. Das Handikap sah ich ihm nicht an. Äußerte es sich in seinem emotionalen Verhalten?

„Ich soll Felix und du sagen, meinst du das?"

„Ja."

„Felix, kann ich dir etwas zu trinken anbieten?" Kopfschütteln, gesenkter Blick.

„Ich lese, du wohnst in Evershagen."

Felix richtete sich auf, schaute mir in die Augen: „Ja, das ist schön dort. Ich habe allein eine Einraumwohnung, das ist besser als früher mit anderen zusammen; ich fahre gern Straßenbahn."

Bei den letzten Worten wanderte sein Blick dankbar auf seine Betreuerin.

„Weißt du, warum du hier bist?"

Felix' Hände lagen auf den Oberschenkeln, er spielte mit seinen Fingern, hielt den Blick darauf. „Ich war in dem Haus und habe da Gurken geklaut."

„Wie bist du reingekommen?"

„Eine Frau hielt mit einem Auto davor. Sie hat die Haustür aufgelassen. Der Schlüssel steckte. Da habe ich ihn mitgenommen."

„Und dann?"

Felix lächelte mich an: „Ich bin in meine Bäckerei gegangen. Immer wenn ich in die Stadt fahre, kaufe ich mir dort einen Kaffee und einen Berliner."

Ich schaute ihn fragend an.

„Dann bin ich wieder dort vorbeigegangen. Die Frau und das Auto waren weg. Da habe ich aufgeschlossen. Der Schlüssel passte auch in der Kellertür. Ich bin runtergegangen."

Eine Pause entstand. Ich schob das Glas Gurken zu ihm hin.

„In einem Keller habe ich Gläser gesehen. Meine Oma weckt auch immer ein."

„War der Keller verschlossen?"

„Ja, mit einem Vorhängeschloss. Ich habe an der Tür gerüttelt. Dann fielen Schrauben raus und sie war auf."

„Warum?"

„Ich esse so gern Gurken, und Erdbeeren, aber die waren nicht da."

„Als die Polizisten den Keller kontrolliert haben, roch es dort nach Rauch. Was ist passiert?"

„Das war nur einer, der andere hat auf mich aufgepasst. Ich saß doch im Polizeiauto."

Felix strahlte, wohl über sich selbst, weil er den Punkt richtigstellen konnte. „Stimmt, und weiter?"

„Ich habe eine Zeitung aus einem Briefkasten genommen und angezündet."

Aus der Plasteschale fischte ich die Streichholzschachtel, Pos. 03, hielt sie hoch.

„Ja, damit."

„Warum?"

Felix wurde rot bis über beide Ohren.

„Du musst dich für nichts schämen, wir sind beide Männer und deine Betreuerin hat ganz andere Dinge gehört, da würden uns beiden die Ohren wackeln."

„Wackeln …" Felix schüttelte lachend seinen Kopf. – Sie wackelten nicht.

„Die Zeitung brennt und dann?"

Felix sah mich an. „Mein Puller wurde steif, dann habe ich sie unter die Treppe geworfen und bin abgehauen."

„Hattest du einen Samenerguss?"

„Ja." Dann schnell: „Ich weiß, das ist ein Orgasmus. In der Gruppe geben viele damit an."

Felix schien Zutrauen gefasst zu haben. Ich schob die Tüte mit dem Schlüsselbund über den Tisch auf ihn zu.

Wieder das Spiel mit den Fingern, der gesenkte Blick.

„Das war immer anders. Einmal war es eine Frau mit einem Kinderwagen."

„Felix, es wäre schön, du siehst mich an, wenn wir miteinander reden. Ich tue es doch auch." Felix nickte. „Danke."

„Ein Mann hat große Pakete reingetragen. Ich hab auch gesehen, wie Leute mit Koffern rauskamen und einen Briefumschlag in den Briefkasten warfen. Den habe ich mir rausgefischt. Da war der Schlüssel drin."

„Das heißt, jeder der Schlüssel an dem Bund gehört zu einem anderen Haus?"

„Ja. Die anderen, die noch mit dran waren, habe ich in eine Mülltonne geworfen. Der Draht ist aus unserer Werkstatt. Ich arbeite da in der Schlosserei. Nur manchmal gehe ich nicht hin, wenn die Mädchen dort so gemein waren."

Ich wechselte einen Blick mit seiner Betreuerin. Sie nickte: „Die DRK-Werkstatt in Schmarl."

„Was meinst du, Felix, ist das erlaubt einzubrechen?"

„Nein." Fast beleidigt kam das, als ob er so was nicht wissen könnte.

„Ist das gefährlich, Feuer im Keller zu machen?"

„Vielleicht." Und dann mit Trotz in seinem Ton: „Es ist ja nichts passiert. Die Feuerwehr kam ja nicht."

Ich druckte das Protokoll aus, legte es auf den Tisch, seine Betreuerin las und unterzeichnete. „Möchtest du auch unterschreiben?"

„Ich habe einen eigenen Kugelschreiber."

„Oh ja, bitte." Ich nahm den Stift aus der Schale und legte ihn auf das Papier. „Rutsche mit deinem Stuhl an den Tisch."

Langsam, mit Hilfe der Zunge, sichtlich stolz, schrieb er seinen Nachnamen.

Wenn im Leben eines geistig behinderten Menschen kein Raum ist für eigene Gefühle, eigene Wünsche, reagiert er so wie unsereins in derselben Situation. War Felix' Handlung zu einer festgefahrenen Verhaltensweise geworden, ausgelöst durch emotionale Not?

Für Felix kann eine Lösung in der Förderung der Kräfte seines guten Charakters liegen, mit ihm einen anderen Spielplatz seiner Träume zu finden. Denn festgefahren zu sein, kann zum Beweggrund dafür werden, heftiger weiterzumachen. Für die Vertreter des Gesetzes wird nur gelten können, bis dahin die Gesellschaft vor ihm zu schützen.

„Felix, was hältst du von diesem Vorschlag: Wir treffen uns mit deiner Betreuerin noch einmal am Dienstag. Dann zeigst du mir deine Bäckerei und die Häuser, in denen du warst, einverstanden?"

Felix nickte freudig: „Jaa."

„Versprichst du mir etwas?"

„Was denn?"

„Du bleibst sauber. Weißt du, was das heißt?"

„Ja."

„Ja, du weißt es, oder ja, ich schaffe das?"

„Beides. Sie passen aber auch ganz schön auf. Ich gucke immer Tatort."

Am Montag beratschlagte ich mich mit meinem kleinen Chef: „Ulf, den können wir nicht länger draußen herumlaufen lassen."

„Richtig. Ich überzeuge den Staatsanwalt."

„Für morgen brauche ich ein Diktiergerät."

„Gebongt. Um die sofortige Bandabschrift kümmere ich mich. Dann kann der Richter spätestens am Donnerstag entscheiden."

„Meine Termine für diese Woche werde ich nicht alle verlegen können."

„Gut. Ich halte dir den Rücken frei."

Die Zuordnung der einzelnen Schlüssel bei den Rostocker Schlüsseldiensten und die Eingabe der Anschriften in das Anzeigenrechercheprogramm bedeuteten gleich am ersten Tag der Woche Überstunden. Eine Woche Freizeit schob ich noch vor mir her. Wann sollte ich die nehmen? Im letzten Quartal hatte ich mir erst einhundert Stunden auszahlen lassen. Das Geld war die eine Seite, die andere …

Gibt es einen Automatismus zwischen der zeitlichen Belastung und der individuellen Überforderung? Du kannst nicht nur aus deinem Brunnen schöpfen.

Eine abgestürzte Birke verwehrte mir den Weg.

Ich sah in die ockerfarbene Wand des Kliffs. Ein Altar unter gotischem Bogen war in die Wand geformt. In seiner Nische lag eine weiße Rose. Ich dachte an meine Mutter, Mutsch. Selbst schon achtzig verwand sie den Tod ihrer Mutter nicht. Nach deren Herzinfarkt hatte sie sie die letzten drei Jahre zu Hause betreut und dabei ihre Kräfte verschlissen. Der Krebs kehrte zurück, nach zehn Jahren. Bei den Händen hatten wir uns genommen, im St.-Joseph-Stift in der Wintergartenstraße.

„Gemeinsam schlagen wir die letzte Schlacht, geben die Linie nicht kampflos preis."

„Jaaa", lachte sie die Tränen fort.

„Mutsch, ich war auf der Suche nach den Streuobstäpfeln mit den roten Backen für dich. Auf dem Weg durch die Häuserschluchten fand ich sie nicht mehr."

„Junge, marinierten Hering gab es heute zu Mittag."

„Ich weiß, dein Leibgericht."

„Mir hat es so geschmeckt!"

„Dann können wir ja bald wieder konditern."

„Weißt du, worauf ich Appetit hätte?"

Ich hob die Schultern, konnte mir den Wunsch nicht denken.

Sie zwinkerte: „Ein schönes …", das nächste Wort geflüstert: „Bier", kniff verschwörerisch ein Auge zu, lachte ihren Lieblingssatz: „Da guckste, wie du guckst. Einen Schluck nur."

„Klar. Das bisschen, das wir essen, können wir auch trinken."

Wir lachten los.

„Liegst in deinem Bett in der Sonne, kriegst mir noch einen Sonnenbrand."

Ihr letzter Streich.

Als sie ging, Frieden lag bereits in ihren Zügen, nahm ich ihr Gesicht in beide Hände, die Worte verstand ich ohne Ton, besorgt bis zum Schluss, nicht um sich. Diese Falte küsste ich ihr fort, streichelnd, als ihre Wärme schwand.

Vor mich schaute ich in den Kieselsaum vergangener Wellen, in ihr Muster hatten sie ihn gelegt, einen steinernen Augapfel. Er schien mich anzusehen. Ich nahm ihn auf, kletterte hinauf in den Hang des Kliffs, legte ihn neben die Rose, für Mutsch.

Felix und seine Betreuerin hatten schon an einem Tisch am Fenster Platz genommen, als ich in der Bäckerei Am Brink eintraf. Er wollte mir unbedingt einen Kaffee ausgeben.

„Dann spendiere ich dir einen Kuchen, such dir was aus."

Er ließ sich ein Stück Bienenstich mit Vanillepudding auf seinen Teller legen.

„Eigentlich kommt erst die Arbeit und dann das Vergnügen." Ich stellte das Diktiergerät auf den Tisch, drückte die Aufnahmetaste. „Es ist 10:24 Uhr. Alles, was wir bei dem Tatortrundgang besprechen, wird aufgezeichnet. Bist du damit einverstanden, Felix?"

„Ja."

Ebenso lautete seine Antwort auf die Frage, ob er in all den Häusern, von denen er die Schlüssel entwendet hatte, Feuer gemacht hatte. Das bestätigte er zu den Kellereinbrüchen nicht.

„Nur dort, wo ich durch die Holzgitter Gläser gesehen habe. Manche Türen habe ich aber nicht aufgekriegt. Die Schrauben waren zu fest." Mir war bewusst, diese Fragen besaßen suggestiven Charakter. Im Zusammenhang mit der Begehung befand ich das für zulässig. Sie bestätigte, Felix hatte sich bei seinen Taten nie weit von der Bäckerei entfernt. Jedes Haus erkannte er wieder und erinnerte sich an Einzelheiten. Einen Steinwurf vom Doberaner Platz entfernt, in der Stampfmüllerstraße, lag ein Tattoo-Studio. Davor dachte Felix eine lange Weile nach.

„Hier habe ich kein Feuer gemacht. Ich war schon im Keller. Da kam jemand. Ich konnte mich grade noch verstecken. Danach bin ich abgehauen. Ich wurde ja schon einmal erwischt."

„Das war der letzte Schlüssel. Zeigst du noch die Mülltonne?"

Felix führte uns durch die Hofeinfahrt neben der Bäckerei. An der Rückseite des Gebäudes standen an der Hauswand aufgereiht fahrbare Müllgroßbehälter in den Farben der Mülltrennung. Felix zeigte auf den schwarzen. Ich schob den Deckel auf. Er war leer.

„Die Müllis kommen immer früh."

„Mhm.“

„An dem Tag, wo wir gerade herkommen, habe ich aus der blauen Tonne eine Zeitung rausgeholt und angezündet. Die habe ich dann in den schwarzen Container geworfen.“

„Hier hätte dich dein Felix-Glück fast verlassen. Siehst du die Hauswand? Die ist immer noch schwarz vom Brand. So viel zur Feuerwehr, die nach deinem Reden nie kommen musste. Hast du sie noch gehört, gesehen?“

Felix ließ den Kopf hängen: „Das wollte ich nicht.“

„Ja, oder?“

„Ich saß an dem Tisch, wo wir gesessen haben. Wenn dort frei ist, sitze ich immer am Fenster. Ich habe alles mitgekriegt.“

„Hast du noch woanders Feuer gemacht?“

„Nein.“

Nur durch Zufälle war in einigen Kellern der Entstehungsbrand unter den Holztreppen entdeckt worden, in anderen mangels Nahrung selbst ausgegangen. Erst am Freitag hatte ich aufatmen können. Felix wusste ich sicher untergebracht, in der geschlossenen Abteilung der Psychiatrie in Gehlsdorf.

Ich schaute aufs Meer. Wandte mich nach dort, woher ich gekommen war. Im flachen Wasser der dunkle Fels, im Kliff gegenüber sein Bruder. Ihre unsichtbare Verbindungsschranke durchschritt ich auf den Nebelsprossen aus Buhnenreihen, nach dem weißen Feuer des sich drehenden Lichts.

Gabelmord

Das neue Jahr war noch keine 100 Tage alt. Nordsturm jagte die Wolken. Wellen trugen das Licht des Mondes an Land, zerschäumten es im Saum des Ufers, stiegen in den Alten Strom, leckten am Kopfsteinpflaster seiner Promenade, entlang der Kutter dort am Pier. Ich zog mich zurück auf die Schwedenschanze, hinter die Scheiben des „täglich", nahm Platz auf der kurzen Bank am Tresen des Bistros.

Ich nickte der Wirtin meinen Gruß.

„Wie immer?"

„Ja, danke."

Sie schob mir das dickbauchige Glas Cabernet Sauvignon über den Schanktisch. Mein Blick ging über den Alten und Neuen Strom. Im Gleichtakt blinkte das rote Licht des Leuchtfeuers auf der Ostmole.

Das Hochwasser wird den Fluss hinaufsteigen, sich auf den Ufern vor St. Petri breitmachen, in die jüngst angelegten künstlichen Arme gezwängt. Auf den geschütteten Halbinseln aus Seesand konnte es den neuen Häusern dort im ehemaligen Quartier der Gerber nichts anhaben. Nur die Namen der Straßen hielten in ihren Endungen die alte Bedrohung fest. Im Fischerbruch dagegen standen Häuser noch so errichtet, dass das Wasser hinein- und wieder herauslaufen konnte.

Dieser Name brachte mir Dana und diesen rätselhaften Fall zurück.

Als Lehrling im Hotel Neptun war sie kaum älter als das Opfer. Nach all dem Schrecklichen hatte ich Dana in unserem langen Gespräch zunächst gebeten, von sich zu erzählen. Einer ihrer ersten Sätze hieß: „Dat Verköpen ligt in uns Familie." (Das Verkaufen liegt in unserer Familie.) Ihr Großvater sei der letzte Fischer auf der Warnow gewesen. Die Mutter habe einen

Rostocker Blumenhändler geheiratet und verkaufe seitdem keinen Fisch mehr, sondern nur noch Farben und Düfte. Dana träumte von einem eigenen Restaurant, wo es selbst eingelegten Hering nach dem Rezept ihrer Großmutter geben würde. Von sich aus schwenkte sie auf den Fall ein.

„Meine Hündin liebt es, den Gerüchen nachzuspüren. Ich hatte sie von der Rollleine geklickt. Der Brückenweg ist unsere morgendliche Gassirunde. Erst als sie auf ‚Dunja, Leckerli' nicht reagierte, machte ich mir Sorgen. Ich suchte einen Eingang in das dichte Gestrüpp aus Sanddorn, Hagebuttenrosen und Honigweide. Meine Arme drückten die Zweige auseinander. Wie ein Tor schlossen sie sich hinter mir. Grünes Halbdunkel und unheimliche Stille umgaben mich. Ein Pfad führte die Böschung hinab. Ich bin kein ängstlicher Typ, Herr Kommissar, aber über meinen Nacken und die Schultern legte sich das Gefühl, als ob ich in einen Schraubstock eingespannt wäre. Dunja schoss auf mich zu. Sie lief den Weg zurück, drehte sich immer wieder nach mir um. Ich folgte, stolperte nach einigen Schritten, hob einen linken, schwarzen Pumps auf, feucht vom Tau. Es war zu sehen, dass der noch nicht lange dort lag. Plötzlich auf einem Weg aus Betonplatten. Der Richtung nach verband er die Straße und den Bahndamm miteinander. Dunja blieb stehen, bellte wieder. Ich ging die paar Schritte auf sie zu. Vor mir tat sich ein Graben auf. Dort lag sie, entblößt auf dem Rücken, das Gesicht halb in dem schwarzen Wasser. Ihr Körper war mit Schlamm beschmiert, in ihrem Hals steckte eine Gabel."

Dana hatte schlucken müssen, Tränen rannen über ihr Gesicht.

„Wollen wir eine Pause machen?"

Sie schüttelte den Kopf, trank kleine Schlucke Wasser.

„Ich konnte nicht zu dem Mädchen hingehen. Als Dunja an mir hochsprang, war ich wieder zu mir gekommen. ‚Feine Dunja', dann rannte ich los. Ich wusste, sie würde ihre Beute gegen jeden verteidigen, aber nicht, ob ich in die richtige Richtung lief. Dann sah ich die Straße, stürzte, lag fast auf der Fahrspur. Knatternd kam ein gelber Kleintransporter kurz vor mir zum Stehen. Ein junger Mann in Postuniform sprang heraus. Er muss mir angesehen haben, dass etwas Schlimmes passiert war. Ich konnte ihn davon abhalten, den Plattenweg zu betreten. So weit war ich wieder fit. Vielleicht deshalb, weil ich mich nicht mehr menschenallein fühlte."

Eine Böe schlug die Eingangstür auf, wehte den Geruch des Meeres herein.

Aus den aktuellen Zahlen des Bundeskriminalamtes ging hervor, bei fast jedem zweiten Frauenmord steht ein dem Opfer nahestehender Mann im Verdacht.

Über Radio und Fernsehen waren alle Besucher der Disco Shanty noch am Sonntagabend aufgefordert worden, sich bei der Polizei zu melden. Allein um diese Ermittlungsrichtung der Beziehungen kümmerten sich zehn Teams mit jeweils zwei Beamten. Die Boulevardpresse baute mit der Schlagzeile „Starb Melanie durch die Hand ihres Ex-Freundes?" Druck auf.

Als Mitglied des Auswerteteams stellte sich mir die siebente der W-Fragen doppelt: Cui bono? Wem nützt es? Aber ich wusste, allein aus dem gleichzeitigen Vorhandensein eines Interesses und einer Tat, die diesem Interesse dient, ließ sich nicht auf deren Veranlassung oder Begehung schließen. Auf die Spur des Täters würde uns erst die gleichzeitige Betrachtung des zweiten Aspektes der Frage führen: Weshalb handelte er am Tatort genau so und nicht anders?

Mit dem Protokoll der Untersuchung des Tatortes in der Hand betrat ich das Büro des Leiters der Rostocker Mordkommission.

„Eckehard, haben wir das schon mal gehabt, dass ein Täter sein Opfer mit Schlamm einreibt? Ich frage mich wozu?"

Achselzucken: „Mach dich schlau."

Harry, der alte Fuchs, unser Chef der Kriminaltechnik, fiel mir ein.

„Das habe ich mir schon gedacht, dass du bei mir längs kommst, Matthias."

Er überlegte lange. Die Falte zwischen seinen Augenbrauen hatte sich tiefer eingegraben als sonst.

„Es war 1994, als die Sowjetarmee auch in Rostock die Zelte abbrach, da klopfte unerwartet der Presseoffizier der Garnison an meine Tür. Ich kannte ihn gut. Jahre zuvor hatten wir uns bei der Suche nach einer Zutat im russischen Einkaufsladen (er sprach das Wort russisch aus) магазин in der Hundertmänner-straße kennengelernt."

„Ich kannte die Örtlichkeit, aber ich bin nie dazu gekommen, dort einzukaufen."

„Aber zurück zu dieser Begehungsweise. Igor löcherte mich damals mit Fragen über kriminalistische Spuren. Auf meinen Einwurf, warum er sich dafür interessiere, bekam ich nur zur Antwort: ‚Besser für dich, wenn du es nicht weißt, und ich habe dich nie danach gefragt.' Magst du raten, was ihn am meisten interessierte?"

„Du wirst mir das gleich erzählen."

„Für die Spuren, die man mit Sand vernichten kann."

„Das ist doch mal eine Überraschung."

„Damals konnte ich mir darauf keinen Reim machen. Ich sag dir Bescheid."

Diese Information hallte in mir nach.

Wer war in der Stadt? Sollte zwei Jahre nach dem Abzug ihrer Armee ein ehemaliger Angehöriger Täter sein? Ich notierte diese Hypothese.

Dann vertiefte ich mich wieder in den Bericht. An der Tatortspur Bierdose blieben meine Gedanken haften.

Jeder Mensch hinterlässt seinen individuellen Geruch. So werden berührte Gegenstände zu Trägern einer odorologischen Spur. Da diese durch Einflüsse, wie Fahrzeugabgase und Personen, beeinflusst werden kann, ist sie an einem Tatort als erste Spur zu sichern. Schon 1910 wurde beschrieben, dass an Tatorten gefundene Beweisstücke in Gläsern aufzubewahren sind, weil Glas keinen Geruch annimmt. Ab 1970 war die Methode der Geruchsidentifizierung in der Kriminalpolizei der DDR eingeführt worden. – Ich hatte das noch gelernt. Heute wissen immer mehr Kriminalisten immer weniger darüber.

Ein Differenzierungshund kann die Spur aufnehmen und die Ermittler zum Verdächtigen führen oder ihn, wenn sein Vergleichsmaterial vorliegt, identifizieren. Letzteres hatte die Stasi konspirativ zur Bespitzelung von Dissidenten genutzt. Mit der Folge, nach der politischen Wende, im vereinigten Vaterland, war die Sicherung solcher Spuren politisch nicht gewollt. Damit mussten wir darauf verzichten. Negiert wurde dabei die Wissenschaftlichkeit von der Lehre des Geruchs als Zweig der Kriminalistik und Forensik. Manchmal hatte man den Eindruck, alles, was sozusagen nach DDR roch, musste erst einmal getilgt werden, um es hinterher als das gleiche Paket, nur anders aufgemacht, wieder auszupacken. Bereits zum G8- Gipfels in Heiligendamm nannte der damalige Bundesinnenminister dieses Verfahren ein „probates Mittel, um mögliche Tatverdächtige zu identifizieren". Hamburger Kriminalisten nahmen auf Weisung der Generalstaatsanwaltschaft Geruchsproben von Kritikern, die im Verdacht standen, im Vorfeld des Gipfels Gewalttaten begangen zu haben.

War die Bierdose vom Täter fortgeworfen worden? Hatte er unbewusst diese Spur hinterlassen? Warf er Dinge einfach weg, die für ihn nutzlos geworden waren, wie dieses Mädchen?

Zum Glück hatten die Kriminaltechniker am Tatort andere DNA als die des Opfers sichern können. Damals brauchte man noch „einen Fingerhut voll Blut", um ein sicheres Ergebnis zu erzielen. Wir hatten nicht genug genetisches Material für eine Analyse. Angenommen, der Auffindeort – bewusst hatte ich mich mit dieser Begrifflichkeit in einen sachlichen Abstand der Betrachtung begeben – ist auch der Tatort. Der Rest Bier in der Dose war ganz frisch. Überkam den Täter Panik, als ihm bewusst wurde, was er angerichtet hatte? Wollte er sich mit dem Bier beruhigen? Warum trank er es dann nicht ganz aus? Schauderte ihm am Ende selbst vor dem Ort seiner Tat? Oder hatte ein Passant des Brückenweges die Dose bis hierher werfen können? Dann war der ein möglicher Zeuge. Dies galt es zu prüfen. Ich vermerkte es im Untersuchungsplan. Aber irgendetwas störte mich an der Situation. Die Gabel. Warum trug der Täter sie bei sich? Hatte er sich an seinem Opfer damit ausgetobt, weil er diesem die Schuld gab, für alles, was für ihn schieflief, einschließlich dieser Tat? Nur selten bekannten sich Täter in Aussagen zu ihrer Verantwortung. Schuld waren immer die anderen oder die Umstände, lautete oft die einfache Formel. Und dieser Gedanke begann immer mit: wenn. Jemand musste schuldig sein, an den eigenen negativen Gefühlen. Dann fühlte man sich besser. Aber das offenbarte auch die eigene Schwäche, das mangelnde Selbstwertgefühl. In der Folge taten diese Menschen das, was sie gelernt hatten: Sie übten Gewalt aus.

Die Erfahrung sagte mir: Lass den Tatort noch einmal auf dich wirken.

Der Brückenweg führte durch die Ausläufer des Schmarler Moores, querte Bahntrasse und Stadtautobahn, verband die beiden südlichsten Stadtteile im Nord-Westen mit der S-Bahn-Station. Von überall dort konnte der Täter gekommen sein. Eine Binsenwahrheit unter Kriminalisten besagte: „Der Täter kehrt an den Ort seiner Tat zurück, aber nicht in jedem Fall." Ich konnte es fast spüren. In dieser Sache gab es kein Aber.

Hieß das, sein Zurückkommen galt nicht der Befriedigung von Geltungsbedürfnis oder dem Noch-einmal-Erleben? Hatte der Täter vergessen, seine Spuren zu verwischen? Dann war die Art und Weise vielleicht nicht seine Idee?

Regen klatschte gegen die Scheiben des Bistros. Hagel trommelte seinen Takt.

Neun Jahre später hatte sich die Auswertemethode für DNA-Spuren verfeinert. Geringste Spuren, eine Hautschuppe zum Beispiel, reichten inzwischen aus. Spurenasservate wurden aus den Kellern wieder ans Licht geholt, um sie neu zu untersuchen.

In unserem Fall konnte ein genetischer Fingerabdruck analysiert werden. Der Vergleich in der Datenbank beim BKA ergab jedoch keinen Treffer. Die Mordkommission nahm sich den Fall noch einmal vor. Mit der erneuten Ausstrahlung des Falles in der ZDF-Sendung *XY ungelöst* wurden die Zuschauer um Mithilfe gebeten. Eine Maßnahme, die gleichzeitig den Ermittlungsdruck nicht nur auf den Täter erhöhte. Kein Mitglied der Mordkommission erwartete, dass dieser Täter sich daraufhin stellen würde, aber wir hofften auf Zeugen, deren persönliche Umstände heute eine Aussage möglich machten.

Tage später war ein Streifenpolizist des örtlich zuständigen Reviers nicht zum Dienst erschienen.

Er galt als pünktlich und zuverlässig. Ich kannte Paul T. von dienstlichen Kontakten als fachkundig, freundlich und immer mit einem Scherz auf den Lippen. Ihn einmal an einem Kiosk in der Innenstadt Bier trinken zu sehen, der als Treff von Alkoholabhängigen und Kleinkriminellen galt, hatte mich überrascht. – Von einem Undercover-Einsatz hätte ich gewusst.

Seine Kollegen im Revier munkelten, dass er vom anderen Ufer sei.

T. lebte allein in einer Wohnung unweit seiner Dienststelle. Als er nicht auf das Klingeln reagierte, brachen seine Kollegen die Wohnungstür auf. Er hatte sich mit seiner Dienstpistole in den Kopf geschossen. Neben der Leiche fanden sie einen Abschiedsbrief: „Ich wollte nicht zum Mörder werden", stand da, und, dass er nervlich am Ende sei, zusammenhanglos dann noch der Vor- und Zuname des Opfers in unserem Mordfall. Die

Staatsanwaltschaft hängte sich recht schnell und ziemlich weit aus dem Fenster, verkündete eine „heiße Spur": „Auf den ersten Blick gibt es keinen Anlass, an dem Geständnis zu zweifeln." Ein gefundenes Fressen für die Medien. Ich sah die Schlagzeile vor mir: „Polizist gesteht Mädchenmord und richtet sich selbst." Die Information aus dem Brief als Geständnis für die Tat zu werten, lag nahe. Aber die kriminalistische Herangehensweise hatte mich früh erfahren lassen: Was auf den ersten Blick gut aussah, fiel bei einem zweiten oft wie ein Kartenhaus zusammen. In Paul T.s Wohnung wurde ein Feldbesteck aus DDR-Produktion gefunden, bei dem die Gabel fehlte. Es war das Besteckmuster der Gabel vom Tatort. Die ganze Wohnung wurde kriminaltechnisch auf den Kopf gestellt. Ein Schriftgutachter sollte klären, ob das Bekennerschreiben echt war. Festgestellt wurde: T. war zum Zeitpunkt des Mordes nicht im Dienst. War er psychisch krank und wollte sich mit dem Bekennerschreiben noch einmal wichtigmachen? Geriet T. durch seine sexuelle Neigung an falsche Freunde, wollte er jemand anderen decken? Aber bevor wir uns mit seinem zweifachem Warum befassen konnten, entlastete ihn das DNA-Gutachten als Spurenverursacher.

Ein anonymer Hinweis führte in die Unterkunft der Spätaussiedler aus der ehemaligen Sowjetunion in Evershagen. Das einst als Wohnheim für Werktätige des Seehafens errichtete Hochhaus stand unmittelbar am Ende des Brückenweges. Zeugenaussagen ehemaliger Bewohner führten auf die Spur von E. und L., damals vierundzwanzig und einunddreißig. Beide hätten mit der Tat geprahlt. L., ein ehemaliger Elitesoldat der Sowjetarmee, sei durch seine Brutalität gefürchtet gewesen. Aus Angst vor ihm und der öffentlichen Geißelung, wenn herausgekommen wäre, dass für den Tod eines deutschen Mädchens Aussiedler verantwortlich waren, hätten die Zeugen damals geschwiegen. Nun schien alles ins Bild zu passen, auch Harrys Erklärung.

„Zur Arbeitsweise von Eliteeinheiten der sowjetischen Armee gehörte es, kriminalistische Spuren durch Sand zu vernichten. Ich denke, das funktionierte bis zur Entdeckung des genetischen Fingerabdrucks und der erstmaligen Überführung eines Doppelmörders 1986 im englischen Leicester. Auf dem Gebiet der Länder des Warschauer Vertrages vielleicht noch bis nach dessen Auflösung 1991. Aber ich darf betonen, eine Spur sagt nichts über Schuld oder Unschuld, sondern nur, ob die Probe zum Beispiel von einer Person A stammt. Wenn ich dir die Hand schüttle, hinterlasse ich meine DNA in deiner Hand. Dann kommst du an einen Tatort und hinterlässt meinen genetischen Fingerabdruck dort. ‚Ich habe fertig!'"

„Aber nicht ‚schwach wie eine Flasche leer!'", schoss ich ihm den Bayern-Trainer Trapattoni zurück. „Danke für den Vortrag. War wie immer ein Vergnügen, mit dir zu plaudern."

Der erste Blitz. Ich zählte eins und zwei und … Donner grollte, saß in der ersten Reihe des Spektakels der Gewalten.

Beide Tatverdächtige lebten zu der Zeit in Hamburg. E. war verheiratet, hatte zwei Töchter, vier und fünf Jahre. Die Familie bezog Hartz IV. Er trank zu viel. Und als Kleinhehler kam er immer wieder mit dem Gesetz in Konflikt.

L., einige Sprossen auf der kriminellen Karriereleiter im Rotlichtmilieu nach oben geklettert und Member einer berüchtigten Motorradgang, führte sein gewaltbereites Leben weiter. Das SEK Hamburg hatte ihn auf einer „Familienfeier" im Nikolaifleet, dem Ort der einstigen Wiege von Stadt und Hafen, im Restaurant „Schönes Leben", von der Tafel weg verhaftet. Die verdutzten Wirtsleute fielen aus allen Wolken, als sie erfuhren, welche Gesellschaft sie zu Gast gehabt hatten.

Die Beschuldigten schwiegen in ihren Vernehmungen und vor Gericht zu allen Vorwürfen.

Die Aussagen der Zeugen vom Hörensagen, mit dem herausgeprahlten Wissen der Täter, bestätigten die Spurenlage am Tatort.

Danach war E. angetrunken vom Wohnheim auf dem Weg zu einem Bekannten in Schmarl unterwegs. Als er seinem Opfer auf dem Brückenweg begegnete, habe er entschieden, die ihm körperlich unterlegene Person in seine Gewalt zu bringen, um mit ihr Sex zu haben. Entsprechende Schläge und Griffe kannte er aus seinem Militärdienst als Soldat in der Sowjetarmee. Als sich das Mädchen wehrte, habe er drauflos geprügelt, sie bewusstlos bis unterhalb der Böschung geschleppt und dort vergewaltigt. Mit einer Gabel, die er in seiner Gesäßtasche bei sich trug, habe er danach auf sie eingestochen. Eine Zeugin erinnerte sich: „Sie ist doch selber schuld. Was läuft sie mir halbnackt im Minirock und der dünnen Bluse über den Weg, und dann will sie nicht ficken." Nach der Tat habe er sich im Heim dem älteren L. anvertraut. Beide seien zum Tatort zurückgekehrt, um Spuren zu beseitigen. Als sie feststellten, dass das Opfer noch lebte, habe L. sie erwürgt und E. ihr die Gabel in den Hals gestochen. Die Obduktion bestätigte, das Opfer war massiv geschlagen und anschließend vergewaltigt worden. Todesursache sei Erdrosseln. Der Gabelstich erfolgte postmortal. Nach der Beweisaufnahme befand das Gericht die beiden Aspekte des Warum und die Schuld der Angeklagten zweifelsfrei geklärt.

So, wie die Richtung der Ermittlungen und Untersuchungen immer wieder Haken geschlagen hatten, konnte nicht alles an Fakten auf die Waagschale der Göttin des Rechtsfriedens gelegt werden. Bis heute gab es keine Antwort auf die Fragen, ob die Gabel aus dem Besteck von T. stamme und welche Rolle bei diesem Fall er selbst gespielt hatte.

Etwas schob sich schemenhaft vor das rote Licht des Molenfeuers. Seine Lichterführung zeigte mir an, ein Schiff lief ein in die sicheren Wasser der unteren Warnow.

Danas Heringsrezeptorder …

„Im September hole dir Hering zum Einlegen. Im September sind sie am besten. Aber Steinsalz musst du nehmen …"

146

Die Zeit hatte ich verpasst.

Als ich den roten Gleichtakt wieder sah, trank ich mein Glas aus.

Man kann zur falschen Zeit am falschen Ort sein.

Schietkram

Durst weckte mich. In der Küche goss ich mir ein Glas stilles Wasser ein. Damit trat ich auf die Terrasse. Das Zifferblatt des Warnemünder Kirchenturmes leuchtete aus dem Dunst der Sommernacht: neunzehn nach zwölf.

Gespensterstunde, oder Ganovenzeit … das war doch seine gewesen, 1991.

Fast verwaist hatte der Flur meiner Arbeitsgruppe im Polizeigebäude in der Ulmenstraße gelegen. Wir waren auf Einbruchsdiebstahl in Firmen und Wohnungen spezialisiert.

Kollegen, vorwiegend die mit schulpflichtigen Kindern, befanden sich im Urlaub. – Kein Wunder, dass die Postfächer der übrigen Mitarbeiter nicht leer werden konnten.

Irgendwann hatte ich darüber nachgedacht, wie es gelingen konnte, in der täglichen Flut unterschiedlicher Papiere nicht abzusaufen. Seitdem sortierte ich den Berg auf meinem Schreibtisch nach groß W, wie wichtig und sofort erledigen, in klein W, weil zu delegieren, terminieren, als schriftliche Auskünfte oder Anträge etc. pp. zu formulieren, und ohne W für nachgereichte, belanglose Unterlagen.

Bei der morgendlichen Kanne grünen Tees nahm ich von groß W die obenauf liegende Anzeige zur Hand. Einbruchsdiebstahl gem. §§ 242, 243 StGB in die Gaststätte „Jägerhütte" im Barnstorfer Wald. Als ich weiterlas, brauchte ich den Tee nicht mehr, um hellwach zu sein. Jetzt wusste ich auch, was der angetackerte rote Zettel mit der Handschrift von Hans, dem Administrator des elektronischen Tagebuches, bedeutete: Viel Spaß mit der Kacke, Matthias.

Wie aufgeblättert lagen die unaufgeklärten Fälle vor mir. – Zwei Jahre nur her.

Ein verübter Einbruch in das Zoo-Restaurant und der in das Fahrgastschiff der Weißen Flotte am Kabutzenhof.

Die Geschichte der Kriminalität beschrieb immer wieder Täter, die als Folge der Reaktion des vegetativen Nervensystems auf Angst, an ihren Tatorten Koten oder Urinieren, Angstkoten genannt. Die Exkremente werden verborgen, wenn vorhanden, eine Toilette benutzt. Manchmal wird dabei vergessen zu spülen, oder der Vorgang reicht nicht aus, alle Exkretspuren zu beseitigen.

Wieder war der Haufen markant gesetzt. Dieses Mal direkt vor den Tresen.

Mit dem Vorgang unter dem Arm fuhr ich zu Harry, in sein kriminaltechnisches Reich in der Blücherstraße. Die Ergebnisprotokolle zur Untersuchung der Kotspuren von beiden Altfällen hatte er schon heraussuchen lassen.

„Fest steht, das ist menschlicher Kot."

Ich entnahm meiner Akte das Protokoll über die kriminalistische Tatortarbeit, kurz KP 11 e genannt, und trug als Untersuchungsführer auf Seite eins das Ziel der kriminalistischen Begutachtung als Fragestellung ein:

1. Welche Blutgruppeneigenschaften sind feststellbar?
2. Ist eine Genanalyse möglich?
3. Liegt der Verursacher in der DNA-Datenbank ein?
4. Besteht Übereinstimmung mit den Spuren?

Harry diktierte mir die Tagebuch- und die Spurenfallnummern der alten Fälle.

Einer seiner Kriminaltechniker legte ein beschriftetes Glasröhrchen neben die Spurenvorgänge auf den Tisch.

„Das ist der mittels DNS-freier Wattestieltupfer gemachte Abstrich von der aktuellen Kotspur. Matthias, ob das dieselbe Blutgruppe ist, das kann ich dir morgen sagen. Mit den anderen Fragen schicke ich die Spuren zum LKA."

Eine seltene Sommernacht, hier am Meer. Die Blätter an den Linden auf dem Boulevard rührten sich nicht …

Still
als würden sie gehalten
von dem Dunkel zwischen den Zweigen …

Ein Jahr zuvor hatten sich die Reihen der Polizei ohne Nennung von Gründen gelichtet. Auch Wernher – mein Kamerad und Mentor – ging von einem Tag auf den anderen ohne ein Wort. Andere saßen ihr angekreuztes Nein im Personalfragebogen zu dem Punkt – Waren sie für das Ministerium für Staatssicherheit der DDR tätig? – aus. Einige davon, bis sie gegangen wurden. Und die über Fünfundfünfzigjährigen wollte man nicht mehr haben. Offiziere sowieso nicht. Für diese Laufbahn hatte eine Bedingung verlangt, Mitglied der SED zu sein. Doch so viele wollten für die Sachbearbeitung und mittlere Leitungsebene aus den alten Bundesländern nicht kommen. Trotz Karriereversprechen und sogenannter Buschzulage. – Mancher hier sprach von Ost-Front-Zuschlag und führte mit demselben Gedanken im Munde: Wir haben den Krieg verloren.
Wie sollte die Forderung im Einigungsvertrag, „Treue zum freiheitlichen Rechtsstaat und moralische und politische Integrität" überprüft werden? Konnte dabei der Gedanke verkehrt sein, dass Loyalität auch in einem „Unrechtsstaat" nicht als verwerflich angesehen werden kann?
Bald ward im Lande der Wille der neuen Herren vom Schlosse zu Schwerin „In Gänze …" kundgetan: „Wer nicht tiefgreifend verstrickt war, seine Berichte nur oberflächlich abgeliefert hat und daraus kein Schaden für Dritte entstand, dem haben wir auch eine zweite Chance eingeräumt." Das schien ehrlicher als die vertrauliche Personalsache in Sachsen, in der es hieß, dass: „… stasibelastete Mitarbeiter weiter zu verwenden sind,

allerdings ‚versteckt‘ in nichtöffentlichkeitswirksamen Bereichen, z. B. Stäben." Damals war mir spontan Globke eingefallen, der Nazi, die linke – oder war es die rechte? – Hand Adenauers.

In Neustrelitz war die Schule der Polizei geblieben. Frisch vom Studium aus Moskau zurückgekehrt, hatte ich dort … Olga, alle nannten sie nur so, vom Pult in der Aula predigen gehört, aus den Werken der Klassiker des Marxismus-Leninismus. Nun belehrte sie von derselben Kanzel mit den Sozialwissenschaften. Entstalinisierungslehrgang nannten wir Teilnehmer die Schulungsmaßnahme. Eine Bedingung für die Verbeamtung.

Galt beim Elitentausch zur „Überwindung der Folgen der SED-Diktatur im Prozess der deutschen Einheit" dieselbe Einzelfallprüfung wie nach dem Krieg? Verhinderte der Mangel an Personal eine gründliche Vergangenheitsbewältigung nach beiden Diktaturen?

Vierzehn Jahre später eröffnete in der ehemaligen U-Haft der Stasi in Rostock die Wanderausstellung „Die Polizei in der Friedlichen Revolution 1989", zur Rolle der Volkspolizei in der Zeit des politischen Umbruchs. Eine Betrachtung unter der Losung „Sag mir wo du stehst …", der Titelzeile des bekanntesten Agitationsliedes der DDR. Ich fand keinen Quellenvermerk. Glaubte man, durch das weggelassene Komma darauf verzichten zu können? Ging es um dieselben Ideale? In seinem Erlebnisbericht sprach der Rostocker Polizeipräsident von der „Transformation der Polizei", meinte damit wohl den Prozess des Wechsels der politischen Grundordnung. Er hatte zu denen gehört, die von drüben gekommen waren.

Die Kirchturmuhr schlug einmal, für halb.

Das Pflaster der Einkaufsmeile unter mir lag in Terrakotta-Licht getaucht.

Harry hatte mich angerufen: „Dieselbe DNA, bei allen Exkretspuren, Matthias."

Für die meisten Delikte galt, ein positiver DNA-Test besagte lediglich, dass der Verdächtige am Tatort war. In den vorliegenden Fällen schien jedoch sicher: Der Verursacher war auch Täter zu den Einbrüchen. Der Anfang des Fadens auf dem Knäuel aus Fragen für mich hieß: Wenn du nicht fragst, bekommst du auch keine Antworten. Gab es weitere Fakten, die die Taten miteinander verbanden?

Die alten Fälle hatte ich mir aus dem Archiv der Staatsanwaltschaft schicken lassen.

Ich las das Protokoll des Polizeimeisters Gunther E.

„Im Rahmen der Streifentätigkeit schlug mein Diensthund Aiko auf Höhe des o. g. Objektes an, durch aufgestellte Ohren und Stehenbleiben. Ich entschloss mich zur Kontrolle. Das Vorhängeschloss am Zufahrttor des Objektzaunes war durchtrennt. Auf den ersten Blick nicht sichtbar. Daraufhin begab ich mich auf das Gelände des Zoos. Ich stellte die aufgebrochene Eingangstür fest. Dann betätigte ich den Lichtschalter im Gastraum. Ich rief den oder die vermeintlich im Objekt befindlichen Täter an: Polizei, kommen Sie langsam mit erhobenen Händen heraus! Durch den Diensthund erfolgte ein Warnbellen. Da sich niemand bemerkbar machte, kontrollierte ich das Objekt. 00:24 Uhr meldete ich den Sachstand per Funk. Ich sicherte den Tatort bis zum Eintreffen der K.“

Auch im Fall der „Jägerhütte“ war E. der Feststellende. Ich verglich beide Protokolle miteinander. Die Aussagen lasen sich fast identisch. Aber das war es nicht, das mich stutzig machte. Vielmehr, warum hatte er die Feststellung eines Einbruchs nicht vorschriftsmäßig unverzüglich seinem Diensthabenden im Revier gemeldet? Nur diesem oblag die Entscheidung über das weitere Vorgehen. Schienen sich weder der noch Wernher, als damals zuständiger Sachbearbeiter, daran gestört zu haben? Jedenfalls gab es keinen Vermerk dazu am Vorgang. Die Angaben von E. klangen für mich einfach falsch.

Mir war er nur dem Äußeren nach bekannt: sportliche Figur, mittelgroß, vielleicht fünfundzwanzig. Werner wusste mehr: „Der erzählt jedem, egal ob der das hören mag, von seinem großartigen Dienst als Hundeführer an der Grünen Grenze. Ich glaube, wenn der mal stirbt, muss man ihm noch das Maul totschlagen."

Die „Jägerhütte" und das Restaurant im Zoo lagen nur circa einen Kilometer voneinander entfernt. Am Fahrgastschiff im Stadthafen hatte nur der Kapitän die K erwartet.

Alle Tatorte gehörten zum örtlichen Zuständigkeitsbereich des Reviers Reutershagen.

War E. auch im Hafen auf Streife?

Bisher war ich logisch vorgegangen. Sollte ich das Unlogische, fast Unmögliche denken?

In der Zoo-Kneipe hatte, wenn es nach der Schadensmeldung des Wirtes ging, fast eine Pkw-Ladung von Hochprozentigem gefehlt und eine Kassette mit Bargeld. Die Spurenlage bestätigte ein mögliches Fahrzeug oder eine Gruppe von Tätern nicht. Werner hatte gemeint: „In der Gastronomie wird ein Bruch gern genutzt, um Differenzen vor einer Inventur glattzubügeln oder schwarze Bestände für den Tauschhandel aufzubessern."

„Diebstahl sozialistischen Eigentums gem. § 158 Abs. 1 StGB, in Tateinheit mit § 163 StGB, Vorsätzlicher Beschädigung sozialistischen Eigentums", hatte der Tatbestandsverdacht nach DDR-Recht gelautet. Im Fall des Fahrgastschiffes war der Diebstahl im Stadium des Versuchs stecken geblieben. Hier stand jedoch der Verdacht der Republikflucht im Raum, ein ungesetzlicher Grenzübertritt gemäß § 213 StGB. Diesen Vorwurf hatte die Zeit kassiert.

Das Strafgesetzbuch sah für Einbruch und Diebstahl damals einen Strafrahmen von Freiheitsstrafen bis zu zwei Jahren, eine Verurteilung auf Bewährung, Geldstrafe, öffentlichen Tadel oder die Verantwortung vor gesellschaftlichen Organen der

Rechtspflege, den Konflikt- und Schiedskommissionen vor. Die Aufgabe dieser Gremien lag in der Erziehung und Selbsterziehung. Sie dienten der Gestaltung der sozialistischen Beziehungen der Bürger im gesellschaftlichen Zusammenleben und zu ihrem Staat. Das Strafgesetzbuch im vereinigten Deutschland drohte eine Freiheitsstrafe von drei Monaten bis zehn Jahren an, die zur Bewährung ausgesetzt werden konnte.

Wenn E. der Täter war, wusste er, dass der Fall bei der Stasi landen würde?

Hatte er deshalb darauf verzichtet in Erscheinung zu treten?

Wo wohnte E. eigentlich?

Die alten Dienstpläne existierten noch.

Bei dem Mitarbeiter, der mir die Unterlagen heraussuchte, hatte der alte Erschrecker-Spaß funktioniert: „Hier! – Herrschen Ordnung und Sauberkeit am Arbeitsplatz."

Verdutzt, aber dann lächelnd, ließ ich ihn zurück.

E. war tatsächlich in der fraglichen Tatzeit in dem Abschnitt Streife gelaufen. Und laut Einwohnermeldeamt wohnte er damals schon in Gehlsdorf.

Ich rief Harry an und erzählte ihm von meinem Verdacht.

„Koprophilie."

„Wer ist tot?"

„Kopro für Kot und philie für Liebe, beziehungsweise Vorliebe."

„Schiete secht Fiete."

„Ja, das sagt er, bloß bei dieser Sache steht die sexuelle Erregung durch Kot im Vordergrund. Das beinhaltet das Austreten, sich selbst und den Sexualpartner damit zu beschmieren. Willst du noch mehr hören?"

„Das ist mir genug. Aber haben wir denn so eine Nummer schon mal gehabt?"

„Das ist einige Zeit her, er verschmierte seinen Kot am Tatort. Aber der ist nachweislich verstorben. In deinem Fall tippe ich auf einen Hasskoter."

„Danke für die Vorrederei, das ist doch netter."

Was konnte E. nicht ertragen, wogegen hegte er einen solchen Groll, dass er seinen Beruf aufs Spiel setzte?

Oder weil einfach einfach einfach ist, wie es die Werbung verspricht; wenn es dem Esel zu wohl wird, geht er aufs Eis?

E. hatte ich zur Abgabe seiner körpereigenen Spuren in die Räumlichkeiten der Kriminaltechnik vorgeladen, um diese mit den spurenkundlichen Sachbeweisen vergleichen zu lassen. Seine geänderte Rolle im Fall, vom Berechtigten am Tatort zum Tatverdächtigen, wollte ich als Überraschungsmoment nutzen. E. erschien pünktlich zum Termin in der Uniform eines Polizeimeisters.

„Die Situation hat sich für Sie geändert. Sie sind nicht mehr Feststellender und gleichzeitig Zeuge. Sie stehen im Verdacht, den Einbruchsdiebstahl begangen zu haben." Damit reichte ich ihm seine Belehrung. „Lesen Sie, fragen Sie, falls Ihnen, obwohl Sie Vollzugsbeamter sind, etwas unklar ist. Danach höre ich Ihre Entscheidung, ob Sie zur Sache aussagen wollen oder nicht. Möchten Sie einen Rechtsanwalt konsultieren?"

E. stierte auf den Belehrungsbogen, rutschte auf dem Stuhl hin und her, seine Ohren wurden rot.

„Ich verstehe das nicht. Ich habe mit meinem Hund den Einbruch festgestellt. Es gehört zu meinen Aufgaben im Streifendienst, Gefahren abzuwehren, Straftaten festzustellen oder …"

„Stopp, Sie möchten aussagen und vorher keinen Anwalt konsultieren, richtig?"

„Ja."

„Dann schlage ich vor, wir kürzen die Sache ab."

„Ja, natürlich, fragen Sie mich."

„Ich spiele mit offenen Karten. Vielleicht können Sie das auch. Also, am Tatort wurden neben trassologischen und daktyloskopischen auch biologische Spuren gesichert."

„Ich habe die Schweinerei gesehen."

„Warten Sie ab, von der biologischen Spur wurde eine DNA-Probe entnommen. Wissen Sie, was das ist?"

„Äh."

„Die Wissenschaftler im LKA identifizieren daraus den genetischen Fingerabdruck des Verursachers."

„Ist das neu?"

„Ziemlich." Ich deutete mit einer Kopfbewegung auf die Schreibutensilien vor ihm.

„Möchten Sie ein Geständnis ablegen?"

E. schaute mich stumm an. Dann sah er aus dem Fenster.

Zog dort sein Leben an ihm vorbei? Spürte er, dass es ihm aus den Händen glitt?

„Wenn Sie nach einem Ausweg suchen – der führt nur über die Wahrheit. Sie sind klug genug, um zu wissen, dass es vorbei ist. Sagen Sie mir, warum diese Taten? Und: Weshalb das Koten?"

E. schwenkte langsam den Blick zurück auf mich. Seine Augen waren feucht.

„Leute, die genau so lange dabei sind wie ich, werden befördert. Wer macht die Sonderschichten, meldet sich zu Einsätzen freiwillig? Nicht die – ich! Wer wird befördert? Die."

Hass und Wut lagen in seiner Stimme.

„Ich wollte auf mich aufmerksam machen, dass die", das letzte Wort zog E. in die Länge und deutete mit dem Kopf noch oben, „nicht mehr an mir vorbeikönnen."

„Ich habe hier zwei Anordnungen vom Richter. Eine für die Durchsuchung und Beschlagnahme von Beweismitteln in Ihrer Wohnung. Die andere zur Entnahme einer DNA-Probe." Ich legte die Exemplare neben die leeren Blätter und den Stift auf dem Tisch vor ihn hin. „Das sind Ihre."

E. stierte auf die Papiere mit dem Logo und dem Amtsstempel des Gerichts.

„Eigentlich musste ich nur auf die Toilette, und dann sah ich, dass die Tür aufgebrochen war …"

„Sie tun sich keinen Gefallen, wenn Sie eine Geschichte auftischen, die nicht mit den Fakten in der Akte übereinstimmt. Mit anderen Worten, der Weg der Wahrheit ist der Beginn der Einsicht, und nur dann können Sie ein mildes Urteil erwarten. Der Richter wird darüber befinden, wie groß Ihr Beitrag zur Findung der Wahrheit war. Das Papier vor Ihnen würde ich an Ihrer Stelle nur so benutzen."

E. sank in sich zusammen. Mit hängenden Schultern knetete er seine Hände im Schoß. Dann sah er mich an.

„Ich kann es mir selbst nicht erklären. Es war ein Nervenkitzel, nachts allein unterwegs … dann habe ich mir einen Schraubenzieher eingesteckt."

„Sie haben also die Tür in der Gaststätte Jägerhütte damit aufgebrochen?"

„Ja."

„Wo befindet der sich jetzt?"

„Zu Hause, in meiner Werkzeugkiste, in der Garage."

Ich blickte E. fragend an.

„Ich habe kein Licht gemacht, nur mit meiner Dienstlampe geleuchtet. Aiko ließ ich vor der Tür wachen. Da kam mich das, na Sie wissen schon, an. Ich hatte keine Zeit, nach einer Toilette zu suchen. Danach habe ich erst Licht gemacht und mich über Funk gemeldet."

„Wo haben Sie die Flasche Gin gelassen?"

„Ich habe keinen Alkohol genommen. Wenn, dann trinke ich mal ein Bier. Ich habe immer eine umfunktionierte Gasmaskentasche mit auf Streife. Die Sachen, die der Hund braucht, passen da gut rein", E. zuckte mit den Schultern, „und der Schraubenzieher."

„Erhofften Sie sich auch andere Beute?"

„Ach so, nein, das Spendenschiff stand auf dem Schanktisch. Ich habe es eingesteckt. Es sollte ja nicht nur ein versuchter Einbruchsdiebstahl sein."

„Und?"

„Es steht bei mir zu Hause in der Küche. 45 Mark Hartgeld, die sind immer noch drin."

Ich schaute von meinen Notizen auf.

„Es tut mir leid, ich weiß nicht, was in mich gefahren ist."

„War das Ihr Geständnis?"

E. schaute mir in die Augen. Dann senkte er den Blick.

„Wenn ihr erst mal dabei seid, kommt es sowieso raus. Vor zwei Jahren im Zoo, das Restaurant.

Da fing es an. Für die Feststellung dieser Straftat wurde ich belobigt."

Die letzte Bemerkung klang gleichgültig.

„Wie sind Sie denn auf das Gelände gekommen?"

„Ich hatte einen Bolzenschneider dabei. Das Vorhängeschloss am Tor für die Lieferfahrzeuge habe ich damit durchgeschnitten."

Eine Pause entstand.

„Dann noch das Ausflugsschiff am Kabutzenhof, im Stadthafen. Jeden Tag kam ich dort vorbei. Gleich daneben fuhr meine Fähre ab. Ich wollte mal zur See fahren … blöd. Dann regnete es. Da hatte ich keine Lust, vor dem Schiff rumzustehen."

„Ist das alles?"

„Mehr war nicht, das kann ich schwören."

„Haben Sie im Zoo und auf dem Schiff auch Sachen entwendet?"

„Auf dem Schiff war nichts, und in der Gaststätte habe ich eine Flasche Eierlikör genommen, nur damit es ein vollendeter Einbruchsdiebstahl ist."

„In der Akte steht, dass Spirituosen im Wert von 350,00 Mark und eine Handgeldkassette mit 150,00 Mark Bargeld entwendet wurden."

„Wie sollte ich das denn machen?"

„Zum Beispiel in der Nähe des Tatortes verstecken."

„Nein, ich brauchte kein Geld, und ich trinke höchstens … Aber das, und die Sache mit dem Spendenschiffchen, habe ich ja schon gesagt. Wegen der Seefahrt hab ich's genommen …"

„Wie sind Sie in das Schiff gelangt?"

„Zwei Vorhängeschlösser habe ich aufgeschnitten. Die Bügel habe ich dann so zusammengesteckt, dass es nicht gleich auffällt. Wie ich das beim Zoo, na ja, erfunden habe."

„Nachfrage: Nur am Tatort Jägerhütte hatten Sie Ihren Dufthaufen hinterlassen?"

„Nein, bei den anderen beiden auch. Mir war wirklich nach … aber dann dachte ich, denen schei … zeige ich's."

„Fühlten Sie sich danach besser?"

Alles Kleinlaute, vielleicht Reumütige fiel von E. ab.

„Ich war sogar irgendwie stolz darauf. Jeder sprach darüber."

Meine Gedanken krochen in den Mantel, den die Nacht ihnen bot …

Nach unserem letzten Hiersein hatten die Wogen
Kieselfelder auf den Strand gesät
scheinbar die Früchte der wilden Rosen,
ihren blühenden Duft glaubten meine Sinne
tanzte mit dir auf glühendem Sand,
ein salziges Windsegel legte uns kühlend die Brise
Strandkörbe verwaisten in Rhythmusfetzen,
ein Schiff passierte die Molenköpfe
wartete auf unsere Lichter …

Das halb geleerte Glas stellte ich neben unser Bett. Dein Kopfkissen, das so gut nach dir roch, drückte es.

Morgen wirst du wieder bei mir liegen.

Unter dem Sand

Die Gedanken fallen lassen in den Ort und die Zeit
der Seewind sie zu neuen Ufern trägt
im Klang Gleichförmigkeit …

Zwischen den Dünen gab der Weg den Blick frei auf den Strand, das Meer. Die See lag ruhig in der Farbe des wolkenlosen Himmels. Blütengelb leuchtete die Düne, lila und weiß durchtupft.
In diesem Sommer hatte sich die Frage gestellt: Schlugen die Krieger im Rostocker Rotlichtmilieu wieder los?
Zwei Brandanschläge auf Massagesalons und dann die tote Prostituierte. Alles in einer Woche. Schnell gab es zu dem Mord den Hinweis auf einen Fleischergesellen. – Das hatten wir doch schon mal. Den Doppelmörder aus Schönberg.
„Das Schlachten von Schweinen macht mir Spaß", gab der Verdächtige zu und, dass er zur Tatzeit in der Nähe des Tatortes gewesen sei.
Aber diese Tat passte in ein anderes Muster.
Anfang der neunziger Jahre war bei einer Auseinandersetzung unter Kiezgrößen im Warnemünder Bordell „Bienenstock" der als Luden-Jürgen bekannte Zuhälter getötet worden.
Danach hatte im Vernehmungszimmer der Mordkommission der gut einsneunzig große, sonnenstudiogebräunte Bodybuilder-Typ mit dem glatt rasierten Schädel auf der anderen Seite des Tisches Platz genommen. Sein ganzer Körper sprach Widerwillen gegen diesen Aufenthalt. In der Türsteherszene als Richie bekannt, stützte er seine Hände auf die Oberschenkel, taxierte mich.
Am Tatort angetroffen, selbst verletzt, galt er nach Lage der Dinge als der Tat verdächtig.
„Notwehr."

„Dann muss der Ihnen aber mehrfach ins Messer gelaufen sein und auch noch rückwärts. ‚Sechsundzwanzig Stiche', lese ich im Obduktionsbericht."

Als Antwort verschränkte Richie demonstrativ die Arme vor der Brust und blickte gelangweilt drein.

Gewannen Typen wie er das Gefühl, die Szenerie zu beherrschen, fühlten sie sich stark.

Unvermittelt sprang er auf, packte den Stuhl, auf dem er eben noch gesessen hatte, drosch ihn mit voller Wucht vor sich auf den Boden. Sein Brüllen übertönte das Brechen von Metall und splitterndem Holz. Instinktiv wich ich zurück, bis zu der Wand hinter mir, auf alles gefasst. Ich sprang zur Seite, als R. den verkrüppelten Rest Stuhl in meine Richtung schleuderte. Sekunden später stürzten Kollegen herein. R. erwartete sie seelenruhig, mitten im Raum stehend, breitbeinig, die Arme nach vorn ausgestreckt, mit der Geste: Jetzt könnt ihr mir Handschellen anlegen. Ich fing seinen Blick und das Grinsen. Wollte er mir sagen, dich muss ich nicht fürchten, aber du mich?

Die Hände auf dem Rücken in der Acht ließ er sich widerstandslos abführen. Als Richie dem Haftrichter vorgeführt wurde, ritt sein Anwalt dieselbe Unschuldsnummer.

„Herr Richter, mein Mandant reagiert Frust im Fitnessstudio am Sandsack und an Gewichten ab. Im Polizeiverhör wurde er als Mörder tituliert. Eine Ungeheuerlichkeit. Bis zu dieser Stunde liegen keine Beweise gegen meinen Klienten auf dem Tisch. Da wäre manch anderer auch ausgetickt. Mein Mandant wollte niemanden verletzen und hat niemanden verletzt."

War Richie ausgekochter, als ich gedacht hatte?

Der Rostocker Polizeiobere hatte bei seinem Amtsantritt verkündet: „Der Prostitution muss Einhalt geboten werden." Wenn er sich dabei an das Preußische Bordell-Reglement von 1792 erinnert haben sollte, „Jeder Bordellwirth muß, ehe er eine

Dirne zu seinem Gewerbe auf- und annimmt, dieselbe dem Polizeidirectorio gestellt, … ", hatte der Bock sich selbst zum Gärtner gemacht. Auf dem Konto des Ermordeten fanden die Ermittler Zahlungen per Scheck, mit denen er die Dienste der Dirnen bezahlt hatte. Wie sich im Laufe der Ermittlungen herausstellte, hatte der das Gästehaus der Polizei, eine Villa in der Warnemünder Kurhausstraße, zu seinem Etablissement gemacht. Es lag nur wenige hundert Meter vom „Bienenstock" entfernt. Der aus Flensburg Stammende war da schon zum Leiter des LKA aufgestiegen. Nun reichte es endlich für die Suspendierung des einst vom BKA in Frankfurt am Main an die Küste Gekommenen. In die Polizeigeschichte hatte er sich schon vorher eingetragen: Während der Mob im Stadtviertel Lichtenhagen das „Sonnenblumenhaus" anzündete und der Polizeiführer vor Ort seine Entscheidung brauchte, war er zum Duschen nach Hause gefahren. Am Telefon soll nur seine Frau erreichbar gewesen sein: „Meinen Mann können Sie im Moment nicht sprechen. Der muss erst sein Hemd wechseln."

Das Magazin Der Spiegel hatte in dem Zusammenhang formuliert: „Aus Schleswig-Holstein strömten Anfang der neunziger Jahre scharenweise CDU-Beamte ins neue Nachbarland, wo sie sich bessere Karrierechancen ausrechneten als in ihrer SPD-regierten Heimat." Und weiter: „… die Polizei (werde) landesweit von reißfesten Seilschaften zusammengehalten."

Luden-Jürgen war der vierte Tote im Milieu gewesen, in einem Jahr. Machtvakuum witternd, hatte das einen Platzhirsch aus dem Süden Deutschlands auf den Plan gerufen. Schlägertrupps spazierten auf der Warnemünder Promenade. Erst als die Auswärtigen ihre Gegner durchgezählt hatten, zogen sie ab. Offensichtlich schienen ihnen die hiesigen Loddel und ihre Lakaien zu überlegen.

Ich betrat den hölzernen Steg des Strandaufganges. Vor mir lag das Blau bis zum Horizont und wieder zurück …

Am Rand der Ortslage Diedrichshagen hatte der Landwirt des ansässigen Reiterhofes von seinem Traktor aus die Tote am Feldrain, inmitten blühender Blumen, entdeckt.

Die bei der Leiche gefundenen Ausweispapiere wiesen sie als die zweiundvierzigjährige Mia M. aus. Sie stammte aus Polen. Die Wegbeschreibung zu ihrer Wohnung fanden die Kollegen im Internet: Klingeln bei Müller. Äußerlich deutete in dem Haus in der Doberaner Straße nichts auf die Modelwohnung hin. Umso mehr fanden die Spezialisten dort Spuren verschiedener Verursacher. Waren die des Tatverdächtigen darunter? Selbst wenn, es war kein starkes Indiz.

Harry, Chef des FK 6, des Fachkommissariates für kriminaltaktische und technische Einsatzmaßnahmen, Spurensuche und -sicherung sowie des Erkennungsdienstes, hatte sich persönlich um die Auswertung gekümmert.

Mein Telefon klingelte.

„Die Jungs im Kriminaltechnischen Institut sind fix, Matthias. Wir haben mehrfach männliche DNA in der Opferwohnung und eine an der Leiche. Die an der Toten stimmt mit keiner in der Wohnung überein und auch nicht mit der unseres Tatverdächtigen."

„Und die Muster liegen nicht in der Datenbank ein?"

„Für Deutschland, ja. Das Ergebnis bei Interpol steht noch aus."

„Matthias, zwölf Stiche in die Brust. Die Obduktion ist morgen. Willst du dabei sein?"

„Danke. Ich verzichte auf den Duft aus Verwesung und Desinfektionsmittel. Gern warte ich auf den geruchsneutralen Bericht der Gerichtsmedizin. Sonst müsste ich zum Hemdwechsler werden. Wenn du weißt, was ich meine."

Die Art der Tötung ließ einige Versionen zum Täter zu: den psychisch Kranken, einen Prostituiertenhasser, einen Lustmörder oder schlicht den Streit mit einem Freier außerhalb ihrer Modelwohnung. Trotzdem, auch wenn im zuständigen FK 2, für schwere und organisierte Kriminalität, keine Hinweise durch ihre VE (Verdeckten Ermittler) und VP (V-Personen/ Verbindungs- und Vertrauensperson) bekannt waren, konnte zu diesem Zeitpunkt der Ermittlungen der Mord an der Prostituierten als Warnung im Milieu nicht ausgeschlossen werden.

Der erste Angriff, mit seiner Tatbefundaufnahme, ihrer operativen Auswertung und dem vom Ereignisort ausgehenden Ermittlungsbeginn, hatte zu keinem Hinweis darauf geführt, dass der Fundort nicht auch der Tatort sei.

Kam der Täter nicht aus dem Milieu und war kein Freier, dann …

Das Ende des Steges. Ich zog mir die Schuhe aus.

…mein Nacktsohlenlied nahm dich mit ans Meer …

Von unserem letzten Hiersein erkannte mich der Kellner in der Bar auf dem Strand wieder. Vor einem der Strandkörbe, die nach Westen ausgerichtet standen, nahm er das Schild „Reserviert" vom Tisch. – Vielleicht erinnerte er sich an das reichliche Trinkgeld.

Die Abendsonne wärmte mir das Gesicht. Ich bestellte einen Hemingway.

Ein Daiquiri, benannt nach dem kubanischen Städtchen, in dem um 1900 zwei amerikanische Minen-Ingenieure diesen Drink das erste Mal gemixt haben sollen. Bekannt machte den Cocktail wohl der Barkeeper Constante in Havannas Bar „El Floridita", wo er diesen seinem berühmtesten Gast Ernest Hemingway serviert hatte. Später bevorzugte ihn dieser, ob seines Diabetes ohne Zucker, dafür mit doppelt Rum. So ward aus Daiquiri like

Papa einfach Papa Doble. Ich trank meinen ersten im … jedenfalls in La Habana.

Wir lagen vor der Altstadt – „… in den Kesseln verfaulte das Wasser …", nein, unseren Durst löschte gekühlter Malzkaffee. Wir warteten auf einen Liegeplatz am Kai, um die Heimatfracht in Säcken an Bord zu nehmen, die Luken voll mit dem Braunen Gold der Insel. Keine Brise wehte. Katzenhaie umkreisten das Schiff, aber zu Mittag gab es gegarte Froschschenkel.

Mein Drink wurde serviert. Laut Getränkekarte bestand der hier aus Havanna, Triple Sec, Zitronensaft, Sekt. Danach schmeckte er auch. Eben nicht à la Papa.

Die Tatwaffe war ein zweischneidiges Messer gewesen. Auf der einen Seite glatt und scharf, auf der anderen mit Wellenschliff. Eine Art Tauchermesser.

Am Wohnungstürschild des Opfers hatte Anton Müller gestanden. Versprach sie sich von dem männlichen Vornamen Schutz? Die Bewohner des Hauses hatten nichts Verwertbares zum Leben ihrer Mitmieterin aussagen können – oder wollen. Den vermeintlichen Ehemann kannte niemand. Außer dass das Opfer ein fast akzentfreies Deutsch gesprochen habe, wussten wir praktisch nichts, um im persönlichen Umfeld ansetzen zu können. Wie hatte sie den Tag ihres Todes verbracht? Was waren ihre Gewohnheiten?

War sie privat unterwegs – schoss der Gedanke mir durch den Kopf –, dann konnte es sehr wohl möglich sein, dass in der Nähe Hinweise lagen. Der Stadtplanausschnitt in der Akte zeigte die Kleingartenanlage Am Findling. Sie grenzte direkt an den Tatort. Der Bojenweg führte hindurch, durchschnitt die Kolonie wie Stücke auf einem Kuchenblech. An seinem Anfang lag der rückwärtige Eingang der Hotelanlage Warnemünder Hof, quasi im erweiterten Bereich des Tatortes.

Ich stellte den Gedanken als Ermittlungsansatz in der morgendlichen Beratung vor. Eckehard, seines Zeichens Leiter der Rostocker MUK (Morduntersuchungskommission), nickte ab. Eine Serviererin aus dem Restaurant erinnerte sich.

„Mein Gott, Herr Kommissar, ich sehe Sie noch vor mir sitzen, im Strandkorb, in unserem Gartenbereich. So hübsch das Haar hochgesteckt, vielleicht Ende dreißig, modisch gekleidet, freundlich. Sie trank ein Glas unseres Hausweines und aß eine Kleinigkeit."

„Allein?"

„Immer, ich meine, sie war nicht zum ersten Mal unser Gast, mit Abständen, aber am letzten Mittwoch, als sie ging, ja, da sprach sie einer der Gäste an. Der war schon vor ihr da gewesen, hatte sich drei Tische weiter an einem großen Pils festgehalten. Oh je, da kann ich nicht helfen, ein Allerweltsgesicht, das schaut man nicht zweimal an. Nein, den habe ich hier noch nie gesehen. Vielleicht Mitte zwanzig, schlank, so groß wie Sie, Herr Kommissar, blond und an den Seiten rasiert. Warten Sie, ich würde sagen, er trug Arbeitssachen. Und er roch."

„Wonach?"

„Wie wenn einer den ganzen Tag draußen arbeitet."

„Worum ging es in dem Gespräch?"

„Tut mir leid. Es sah so aus, als ob er eine Auskunft von ihr wollte."

„Wie spät war es, als beide gingen?"

„Kurz vor sechs. Meine Schicht war da zu Ende. Ich kann es immer noch nicht glauben. Am helllichten Tag. War er es?"

„Wir sind erst ganz am Anfang. Nahmen beide den Gartenausgang?"

„Genau. Ich glaube, ja, sie kamen auch von dort."

Meine Füße hatten sich in das weiße Kieselpuder gegraben …
Unter dem Sand der Ereignisse blieb oft die ganze Wahrheit verborgen.

Wahrheit und Richtigkeit, wahr und richtig, austauschbare Begriffe?

Das tägliche Brot des Ermittlers bestand darin, die im Dunkel liegende Tat zu erhellen, so viel Wahrheit in Form von Beweisen ans Licht zu bringen, dass Zugetragenes sichtbar wird, sich daraus das Richtige, praktisch Mögliche ergibt. Schwer wurde es, wenn nur Indizien sprachen und ihre Kette unschlüssig blieb.

Dort, wo beide den Garten des Restaurants verlassen hatten, stand ich auf einer schmalen Anliegerstraße. Seelenleer lag sie zwischen blickdichten Hecken benachbarter Grundstücke. Quasi stolperte ich in den Bojenweg. Hatte er sie hier schon in seine Gewalt gebracht, mit dem Messer bedroht, hingehalten in einem faulen Versprechen?

Die Tatzeit passte. Mit meinen Schuhen trat ich kurz gehaltenes Gras nieder. Abrupt blieb ich stehen. Ich schaute mich um.

Wer pflegt hier das öffentliche Grün?

Die Arbeit des Täters – konnte das sein Bezug zum Ort der Tat sein?

„Where it began, I can't begin to knowing … ", tropfte Neil Diamonds Stimme aus dem Lautsprecher der Strandbar, kramte in unserer Zeit: Ja, wo es begann, mit uns, kann ich nicht annähernd begreifen … und wie war das bei diesem Mordfall?

„… so hübsch das Haar hochgesteckt …", fiel mir die Aussage der Bedienung ein. Auf meine Nachfrage hatte sie sich an eine perlmuttfarbene Haarspange erinnert. Ich verglich die Aufnahmen vom Tatort. Sie zeigten schulterlanges offenes Haar. Ein Spürhund kam zum Einsatz. Die Kriminaltechniker rückten noch mal aus. Sie suchten entlang der Fährte und der vermeintlichen Wege, aber ohne Erfolg.

Das Amt für Stadtgrün war zuständig. In der hier zuletzt eingesetzten Arbeitskolonne hatte sich Heiko F. am Tag nach der Tat krank gemeldet. „Der Heiko hat im Betrieb Landschaftspfleger gelernt und führt seit einem Jahr diese Kolonne. Ein engagierter und zuverlässiger Mitarbeiter", empfing mich der Abteilungsleiter. „Ich kenne ihn schon als Auszubildenden. Ein ganz normaler junger Mann. Wir haben uns oft übers Angeln unterhalten. Das ist sein Hobby."

Eckehard hatte ein Observationsteam des SEK angefordert. Laut deren Bericht ging F. nachts am Strand von Diedrichshagen auf Dorsch. Die Fische betäube er nicht waidgerecht, steche ihnen einfach ins Herz. Die Klinge entspreche der Art, die der Gerichtsmediziner für die Verursachung des Schnittkanals beschrieben hatte. Das reichte.

Bei der Durchsuchung seiner Wohnung wurde ein Tagebuch sichergestellt. Darin hatte F. bis ins Detail den Plan seiner Vorgehensweise bei der Tat notiert.

„So kann ich es immer wieder nachempfinden, mit den Bildern, die in meinem Kopf sind", erklärte er mir in seiner Vernehmung.

„In Ihrem Bad wurde im Spiegelschrank eine Haarspange gesichert. Wie erklären Sie das?"

„Jeden Morgen konnte ich sie damit riechen."

Unbewegt, gleichgültig kamen die Worte über seine Lippen.

„Weshalb diese Frau?"

„Sie saß dort. Da wollte ich wissen, wie es ist, wenn sie stirbt."

„Warum die vielen Messerstiche?"

„Sie wollte nicht tot sein."

Irre, von da an klebte das Gefühl an mir, es war sein Schrei nach Liebe.

Die Triebfeder von Lustmördern ist die Lust zu töten. Mordphantasien müssen irgendwann in die Tat umgesetzt werden. Da sind die Opfer austauschbar.

Der durch die Staatsanwaltschaft formulierte psychologisch-psychiatrische Gutachterauftrag zur Person des F. hatte sieben Fragenkomplexe beinhaltet: den Bildungs- und Intelligenzgrad, seine sozialen Wertnormen und -maßstäbe. Weiter, die

Persönlichkeitsentwicklung, insbesondere die Gefühls- und Charakterstruktur. Drittens, Ursachen und Umstände für Abweichungen „von durchschnittlich Normalem". Viertens, der Auslöser für die Tat. Ziele und Motive unter fünftens. Sechstens, Wirkung von Träumen auf die Tat. Und zuletzt, die Zurechnungs- und Schuldfähigkeit, der Krankheitswert der Persönlichkeit.

Das Gutachten sprach dann über die Eltern als „von der Norm abweichend". Die Mutter habe ihren Sohn geliebt, sei aber nicht fähig gewesen dem Mann und ihrem Kind gefühlsmäßig zu begegnen. Sie habe den Sohn weder küssen noch mit ihm schmusen können. Aus dem Sohn wollte vor allem der Vater mit Strenge „etwas Besonderes" machen. Er sollte studieren. „Die Forderungen waren besonders hoch, ohne dass sie ihrem Sohn die Geborgenheit eines Elternhauses gegeben hätten." Der Erziehungsstil sei als „Einengung im gesamten Lebensbereich" zu charakterisieren. Mit der Folge einer „Behinderung der persönlichen Entfaltung".

Wenn man wie F. in einer Kinderstube aufwuchs, die keine ist, erklärte das die Tat?

Solschenizyn fand in „Archipel Gulag" eine andere Wahrheit.

„Die Linie, die Gut und Böse trennt, verläuft durch jedes Menschenherz, mittendurch. Selbst in einem von Bösem besetzten Herzen hält sich ein Brückenkopf des Guten. Selbst im gütigsten Herzen – ein uneinnehmbarer Schlupfwinkel des Bösen."

Verstrickte sich das Böse, Destruktive mit den Gegensätzen und Widersprüchen der menschlichen Seele? Liegen Gewalt und Aggression in unseren Genen? Werden sie nur von Kultur und Moral im Zaume gehalten?

Das hieße, ein Verzicht darauf kann sich in zerstörerischem Handeln entladen.

Das Ausbrechen aus den Normen scheint so rätselhaft, verwirrend und gleichzeitig packend. Nicht umsonst sollen Krimis die höchsten Einschaltquoten haben.

Aber war das mein Brot, mir darüber den Kopf zu zermartern?

Der Haftrichter hatte F. gefragt: „Haben Sie für die Tat eine Erklärung?"

„Ich habe keine."

Das Gutachten bescheinigte keine „krankhafte seelische Störung oder schwere andere seelische Abartigkeit", die der § 20 des Strafgesetzbuches (StGB) für eine Schuldunfähigkeit forderte. „Die Fähigkeit" von F., „das Unrecht der Tat einzusehen oder nach dieser Einsicht zu handeln", sei „bei der Tat nicht erheblich vermindert (gewesen)." So kam auch eine verminderte Schuldfähigkeit nicht in Betracht. Der Gutachter attestierte F. eine organisierte Vorgehensweise.

Gegen die tief stehende Sonne schloss ich für Momente die Augen …

Eine Herde junger Hengste stürmt den Strand entlang
blaue Schärpen auf ihrer Brust, zu einem Kreuz gelegt …

Ich riss die Augen auf. Woher kam dieses Bild? Ich hatte doch nur ein Glas …

Der Glutball zeichnete seine Spur ans Ufer, erlosch himmlisch blöd vor meinen Füßen.

Halbes fand ich im Wellensaum …
eine Muschelblüte legte ich dir,
dich mitzunehmen, in die Hände unserer Zeit …

Lakai Richie war nicht „umgefallen". Er hatte sich für Schweigen entschieden. – Seine Lebensversicherung. Die Spurenbeweise reichten für eine Verurteilung wegen Mord.

Im Fall von Heiko F. blieb das Vorliegen einer abnormen Persönlichkeit strafrechtlich bedeutungslos.

Gelassenheit legte sich auf meine Gedanken. Den Geruch des Meeres trug ich nach Hause.

Nackt

Meinen Dienstwagen musste ich auf dem Parkplatz am Kabut-zenhof abstellen. Die reservierten Plätze am Dienstgebäude der Wasserschutzpolizei belegten deren Fahrzeuge.

Ein Sommerguss ging nieder. Das hinter dem Fluss liegende Ufer verschwamm in den Tropfen. Der Regen lief die Fenster herunter.

Vor einem Jahr hatte mir eine rostige Bordwand den Blick über den Fluss, auf den Fundort der Leiche, verwehrt. Die „Georg Büchner", das ehemalige Lehrschiff der DDR-Handelsmarine, lag am Kai. Auf ihr waren mir Seebeine gewachsen, zwischen Rostock und Tampico. Nun sah ich sie im Sterben.

Vom Achterdeck der Fähre nach Gehlsdorf schaute ich den Fluss hinunter. Über dem Meer strahlte der Himmel blau. Die Brise verwehte meine trüben Gedanken. Ich zog mein Schaltuch dichter um den Hals.

Das Fährboot legte ab. Für mich war es die kürzeste und schnellste Verbindung zu dem Ort der grausigen Ereignisse.

Eckehard, inzwischen Leiter der Rostocker Kripo, hatte es sich als ehemaliger Chef der Morduntersuchungskommission nicht nehmen lassen, den aktuellen Stand der Ermittlungen im engeren Kreis der Ermittler zu hören.

„Die Berechnung des Wasser- und Schifffahrtsamtes über die wahrscheinlichste Verdriftung der Leiche liegt vor. Daraus ergibt sich als Ort der Wasserung ein Bereich zwischen Fähranleger und der Straße Fährberg. Diese und die Gehlsheimer Straße führen direkt ans Wasser."

Der grüne Punkt eines Laserpointers zeichnete auf dem an die Wand gebeamten Stadtplan mit.

„Hypothese eins zum Täter: Zwischen dem Anleger der Fähre und der Gehlsheimer Straße reichen die Grundstücke bis an den

Fluss. Ein möglicher Zusammenhang wird angenommen. Zwei: Das Opfer wurde im Bereich Gehlsheimer Straße bis Fährberg getötet und im Fluss entsorgt. Drei: Ein anderer Tatort kann nicht ausgeschlossen werden. Im Abschnitt der Version zwei ist für einen Täter Hinz und Kunz beispielsweise die Entledigung aus dem Kofferraum machbar."

„Viel Glück", grüßte Eckehard in die Runde und mit einem Nicken zu seinem Nachfolger Volker.

Das Gehlsdorfer Ufer kam näher. Ein sanfter Stoß. Die Fähre legte an. Auf der Mittagstour hatte der Matrose beim Festmachen die unbekleidete, männliche Leiche entdeckt. In Bauchlage schwamm sie eingeklemmt zwischen der Anlegeplattform und einem der Dalben, der den Betonponton an seinem Platz hielt.

„Tschüs." Ich ging als Letzter von Bord.

Die Besatzung war schon vernommen worden. Mir kam das recht. Unerkannt wollte ich Eintauchen in das Schnacken der Leute.

Mein Diensthandy klingelte. Ich hörte: „Matthias"?

„Jo."

„Es steht wohl für die Todesfälle durch Ertrinken fest, dass das Leben durch Erstickung während dieses Vorganges aus dem Körper getilgt werde, bei der das die Luft abschließende Mittel eben die Ertrinkungsflüssigkeit ist."

„Brich dir bloß nicht die Zunge ab, Harry."

„Nee, nee. Das schrieb vor über einhundert Jahren ein Gerichtsmediziner aus Österreich.

Und jetzt aus dem Obduktionsbericht in unserem Fall für dich als Telegramm die Details: Mit der sommerlichen Wassertemperatur und der Ausbildung von Waschhaut am Handrücken gehen wir von sechs Tagen Wasserliegezeit aus; am fünften Tag war die Leichenfäulnis so weit, dass die Gase genügend Auftrieb gaben, an die Wasseroberfläche zu steigen; es gibt Abschürfungen als erklärliche Driftspuren. Und denk daran, gegen die postmortale

Beibringung der anderen Verletzungen steht die Unterblutung der Wundränder. Also pass ein bisschen auf dich auf."

„Danke dir, Harry, für deine kriminaltechnische Chef-Fürsorge."

„Neudeutsch, Leichen-Dumping, was sagt dir das, Matthias?"

„Ich habe meine Ohren auf."

„Der Tote ist von dort, wo er gestorben ist, an einen anderen Ort verbracht worden."

„Ohne dich würde ich von Gott und der Welt nichts wissen."

Meine Gedanken sortierten: Charakteristische Verletzungen durch Treiben im Wasser auf der Stirn, dem Rücken der Nase, den Handrücken sowie an Knien und Fußspitzen lagen auf der Hand.

Was kam als Tatwerkzeug in Betracht, wenn die Beibringung der schweren Kopfverletzungen durch Kollision mit einem Wasserfahrzeug, gar dessen Schraube, auszuschließen war?

Der Uferweg zog sich vor mir als Grünanlage flussaufwärts.

Ein schmales Niemandsland?

Ich beschloss, von hier aus die Lage zu erkunden, mir mein Bild zu machen.

Die Bewohner der hier angrenzenden Grundstücke kannte ich aus den Daten der Meldekartei und dem Abgleich im Polizeicomputer. – Die Auszüge lagen auf meinem Schreibtisch.

… würden
die Anmut ihrer Grundstücke
die Kleider ihrer Häuser
die Gesichter ihrer Fenster
sie verraten …?

Von jedem Anwesen führte eine Pforte oder ein Tor in der Umfriedung auf den Weg am Ufer.

Die Anordnung der Gelasse ließ den Schluss zu, der gewählte Mittelpunkt liege landseitig, dort, wo die Straße die Bewohner mit dem Ort, dem Leben verband.

Konnte ich gerade deshalb auf Anzeichen hoffen, aus denen sich ein Hinweis ergab?

Denkbar der Punkt, an dem ich nicht mit dem Fragen beginnen sollte.

Kopfsteinpflaster lief schnurgerade zum Fluss hinunter. Ich las das Straßenschild. Die Gehlsheimer Straße. Hier wird der Uferweg weiter flussaufwärts zur Promenade, im Revier der Jachtklubs mit ihren Vereinsheimen, Bootshallen und Stegen bis Zum Alten Fährhaus hin.

Ich stellte mir die Schlagzeile vor: „Jährlich fordert der Fluss seine Menschenopfer. Als Tote spuckt er sie wieder aus."

Obduktionen identifizierten regelmäßig vermisste Wassersportler, aber Mord? Daran würde ich mich erinnern.

Warum entkleidet?

Wie sicher waren die berechneten Daten zur Strömung im Fluss? Die Tiefenangaben endeten laut Karte auf Höhe der Holzhalbinsel. Vielleicht lag das an der Erneuerung der Brücke über die Schleuse im Mühlendamm. Seit fast einem Jahr passierte dort kein Schiff mehr aus der Ober- in die Unterwarnow.

Im Erdreich der Brückenböschung hatten die Bauarbeiter den Turm und die Kanone eines russischen Panzers aus dem Zweiten Weltkrieg gefunden. Historiker mutmaßten, es sei derjenige, welcher zur Aufklärung vorgeschickt worden war, als am 1. Mai 1945 die Rote Armee über diese Straße in Rostock einmarschierte. Ein deutscher Polizist soll die Brücke gesprengt haben, genau in dem Moment, als der Panzer darüber rollte …

Vorgeschickt … betraut …

Wir lagen in Namp'o, im größten Hafen Nordkoreas. Kräne luden riesige Holzkisten in den Bauch unseres Frachters. Auf der Rückreise meldete am südlichsten Zipfel von Afrika der Eisbär (Kühlingenieur) dem Kapitän einen Druckabfall im Kältemittelverdichter der Proviantkühlanlage. Mit Bordmitteln könne er den nicht beheben. Die Reserve an Kühlmittel reiche nur für zwei Tage. Wir umschifften gerade das Kap der Guten Hoffnung, da dachte manch einer in der Mannschaft, wir laufen Kapstadt an. Danach sickerte langsam durch, warum wir nicht diesen und keinen anderen Zwischenhafen hatten anlaufen können. Hinter vorgehaltener Hand wurde gemunkelt: „In den Kisten sind statt Textilmaschinen, wie in den Frachtpapieren deklariert, Flakgeschütze." Nur das Nötigste konnte noch gekühlt werden. Auf dem Achterdeck begann die Küchencrew damit, Fleisch zu pökeln. Im Zielhafen Latakia bestätigte sich das Gerücht. Militärfahrzeuge der syrischen Armee übernahmen die Ladung. Wir befanden uns im vierten arabisch-israelischen Krieg.

Das eine Grundstück … anders als…

Ich ging langsam zurück, zog meine Skizze aus der Jackentasche, es war das Anwesen der Tischlerei Bunch. Dichtes Blattwerk verwehrte mir den Blick in seine Tiefe. Das Gras hinter dem Maschendraht schien frisch gemäht. Eine stattliche Kastanie streckte von dort ihre Äste weit hin zum Fluss.

Warum fühlte ich sie jetzt als Krakenarme über mir? Lag es an dem Stacheldraht auf Zaun und Tor?

Tag zwei.

Es war Ferienzeit. Die dünnte auch die Reihen der Erweiterten Morduntersuchungskommission (EMUK) aus. Der Vorteil lag darin, neue, meist junge Kollegen erhielten an der Seite alter Hasen ihre Bewährungsprobe.

Arno wurde mein Teampartner. Wir kannten uns nur aus Großeinsätzen vom Sehen. Ein Dutzend Jahre jünger durchleuchtete er sonst als Zielfahnder das Leben von gesuchten Tatverdächtigen, bis er sie aufgespürt hatte.

Die Nachbarn wussten vieles von- und übereinander, nur nichts, das uns weiterbrachte, bis zu jenem Herrn: „Also, von mir wissen Sie das nicht. Aber Sie dürfen davon ausgehen, das ist rum. Auch wenn in diesem Stadtteil der Villen und Apartmenthäuser mit Blick auf den Fluss, nichts mehr nach Dorf aussieht, in dem ist Gehlsdorf eines geblieben."

„Und bitte was?"

„Ich weiß ja nicht, ob das was hilft in der Sache, aber der Mann von der Frau Bunch, das ist kein guter Mensch. Fragen Sie die Frau vom Bäcker. Da schüttet sie sich manchmal das Herz aus."

„Ach, die Hannelore." Die Bäckerin winkte uns an der Backstube vorbei in eine Veranda, die in den Garten hinter dem Haus führte. Ihr rotblonder Schopf wippte bei jeder Bewegung wie einer der Farbtupfer auf ihrem bunten Sommerkleid.

„Bitte." Wir nahmen in den Korbmöbeln Platz.

„Seit der Schulzeit kennen wir uns. Wo fange ich an? Als nach der Wende 89 Industrieware hereinschwappte, wurde es für die kleinen Handwerker schwer. Wir haben das auch gespürt. Ihre Eltern machten den Familienbetrieb dicht. Der Bruder hatte in einem Gewerbegebiet neu investiert. Heute ist er wieder groß im Geschäft. Hanne ihrer, der hatte sich nie dafür interessiert. Geheiratet hat sie den, weil sie von ihm schwanger war. Das war damals so, wegen der Leute. Verstehen Sie? Doch das Kind hat sie verloren. Im Seehafen gehörte er zu denen, die was zu sagen hatten. Als er dann seinen gut bezahlten Arbeitsplatz verlor, fuhr er Lkw. Nur alle paar Wochen kam er nach Hause. Damals begann er zu trinken, ersoff wohl seine Bedeutungslosigkeit. Die Pflege ihrer kranken Eltern und das Grundstück hatte Hanne allein am Hals. Die sind erst vor einem halben Jahr gestorben. Der Steinmetz hatte wenig Arbeit, sie gingen kurz hintereinander. Für Hanne wurde es von da an immer unerträglicher.

Wenn sie nicht so wollte, wie es ihm gefiel, setzte es Schläge. Dann nahm er sich, was er wollte, alles. Sie wissen, was ich meine, die Herren Kommissare. Anzeigen wollte sie ihn nicht. Der Leute wegen. Worüber ich mir im Moment Sorgen mache: Hanne habe ich seit einer Woche nicht mehr gesehen; ich kann sie telefonisch auch nicht erreichen. Wenn Sie sowieso mit ihr sprechen müssen, dann …"

„Wir kümmern uns darum. – Wer lebt noch im Haushalt?"

„Niemand. Mit Kindern, das hat ja nicht mehr geklappt, ob es an ihm oder ihr lag?"

„Danke."

Ich rief Harry an: „Ist das möglich, unser Täter ist eine Frau?"

„Wenn du an die Wucht des Angriffs gegen den Hinterkopf als Todesursache denkst, ja. Warum fragst du?"

„Wenn mich meine Ermittlernase nicht anführt, haben wir eine häusliche Beziehungskiste."

„Frauen töten oft in ihrem nahen Umfeld."

„Wie alt soll der Tote sein?"

„Circa fünfundfünfzig."

„Das passt. Und auf seiner Arbeit hat es geheißen, die Frau habe ihn krank gemeldet."

„Sind Haus und Grundstück der Tatort, Matthias, dann werden wir die als materielle Widerspiegelung hinterlassenen Spuren und Beweismittel im Handlungsbereich finden."

„Höre ich da den Gastdozenten an der Fachhochschule der Polizei?"

„Von wem sprichst du?"

Nach meinem Lagebericht an Volker orderte der den „Großen Bahnhof". Wir warteten auf die Kräfte, das Haus im Blick.

„Hat das Verbrechen ein Geschlecht?"

„Gute Frage, Arno. In der Kriminalliteratur morden Frauen aus Liebe, Eifersucht, Männerhass, Habgier. Statistisch ist das häufig dann der Fall, wenn Mörderinnen, wie Mörder auch, in Armut und Gewalt aufwachsen. Dabei gelten die Begriffe nicht nur materiell, auch im Fühlen, geistig, dem Bewusstsein, bis hin zur Wohlstandsverelendung. Die Tat ist oft die Möglichkeit, Kontrolle über solche Erlebnisse zu erlangen."

„Ich habe im Internet gelesen, noch in der ersten Hälfte des letzten Jahrhunderts gingen Kriminologen davon aus, Verbrechen, die durch Frauen begangen werden, seien die Folge eines fehlgeleiteten Interesses. Das natürliche richte sich auf Kinder. Deshalb müsse es dorthin zurückgeführt werden. Verbrechen entstünden aus einer fehlgeleiteten Sexualität."

„Eine interessante Sicht. Frauen, die morden, werden selbst heute noch gern als Giftmischerin, hinterlistig und mit einem außergewöhnlichen Sexleben beschrieben, wenn möglich, das ganze Paket: Sex and Crime = Femme fatale. Das Verhängnisvolle des Femininen, mit einem Lächeln, den körperlichen Vorzügen, zu verführen, Verstand und Geld zu rauben."

„Skrupellos."

„Ruchvoll, sicher. Oder ein Ruch voller wahren Lebens."

„Du meinst …"

„Einen zweifelhaften Ruf."

„Klar. Ja, damit lässt es sich gut überleben."

„Aber in der kriminellen Wirklichkeit, Arno, töten Frauen meist mit dem Messer; in bald jedem zweiten Fall sorgt Alkohol für eine nötige Enthemmung; oft werden vorher gesellschaftliche Grenzen übertreten, also Moralvorstellungen, oder dann in deren Folge. Manche machte es prominent. Bonnie verliebte sich als Teenie in den draufgängerischen Clyde. – Sie wurden das berühmteste Verbrecherpärchen Amerikas."

„Opfer werden Täter, wenn sie sich wehren."

„Akkurat."

Fast geräuschlos trafen die Kollegen ein. Nur die Autotüren klappten. Ich begrüßte die Staatsanwältin.

Arno klingelte. Eine zierliche Person öffnete. Hübsch fiel ihr das aschblonde, glatte Haar zu einem Pony in das schmale Gesicht, endete seitlich über den Schultern. Sie trug einen weißen Hausanzug.

Ich fragte: „Sind Sie Frau Hannelore Bunch?"

„Ja, bitte?" Das Lächeln passte nicht zu ihrer Blässe.

„Wir möchten gern Ihren Mann sprechen."

„Wer sind Sie denn?"

Ich hielt ihr meinen Ausweis hin. „Die Kriminalpolizei und die zuständige Staatsanwältin. Dürfen wir reinkommen?"

Frau Bunch ging voraus. Arno schloss hinter uns die Tür. Im Wohnzimmer setzte sie sich in einen der Sessel, die Füße auf dem Teppich zusammengestellt. Abgearbeitete Hände umkrampften die Lehnen. Ich nahm schräg gegenüber Platz.

„Wo ist Ihr Mann?"

Ihre Augen schauten von mir weg zum Fenster. Aber ihr Blick schien in einer anderen Zeit zu liegen.

Die Staatsanwältin griff zum Handy: „Ich ordne die Durchsuchung des Anwesens an."

Arno ging, den Kollegen die Tür zu öffnen.

Frau Bunch nahm die Hände vors Gesicht, nickte: „Ich habe ihn mit dem Beil erschlagen."

Mein Puls klopfte im Hals. Ich konzentrierte mich auf das sachliche Abarbeiten.

„Wünschen Sie bei der Durchsuchung die Hinzuziehung von Zeugen?"

„Nein."

Sie kehrte zurück in ihre Haltung und den Blick.

„Frau Bunch, ich belehre Sie als Beschuldigte. Sie müssen zur Sache nichts sagen, alles, was Sie aussagen, kann gegen Sie verwendet werden. Möchten Sie einen Anwalt konsultieren? Haben Sie Fragen?"

„Sie schütteln den Kopf, also nein."

Ich schaltete das Aufnahmegerät ein.

„Er wollte den Kaffee in die Werkstatt, sein Saufzimmer. Ich sollte bleiben. In seinen Augen las ich, was er wollte. Die Türklinke hatte ich schon in der Hand. Aber er war schneller, drehte mir den Arm auf den Rücken, zerrte mich zurück, drückte mich über die Werkbank. Ich kannte das Geräusch, wie wenn Entenflügel aufs Wasser schlagen, als er den Gürtel aus seiner Hose zog. Er drosch zu. Als er mir den Slip runterriss, stieß ich ihn weg. Er stolperte in seinen Pantoffeln, fiel lang hin, rappelte sich brüllend hoch, neben ihm der Hackklotz mit dem Beil, ich dachte nur, bevor der … ich riss es heraus und schlug zu."

Reglos, wie eine Unbeteiligte, hatte sie berichtet.

„Und die Verletzungen im Gesicht?"

„Er hatte sich noch zu mir umgedreht, dann lag er tot da. Aber seine Augen, die drohten mich weiter an. Ich wollte, dass das aufhört."

„Weshalb nackt?"

„Er sollte sich so fühlen wie ich."

Ich spürte, dass sie noch nicht fertig war mit dem Loswerden.

„Wenn wir stritten, beschimpfte und beleidigte er mich, um sich dann mit mir im Bett wieder zu versöhnen. Erst als er anfing mich zu schlagen, begriff ich, es machte ihn an, mir weh zu tun."

Ich wechselte einen Blick mit der Staatsanwältin. Wir waren uns einig.

Die gemeinsame Arbeit in vorangegangenen Morduntersuchungen hatte sich zu einem Verstehen entwickelt, ohne viel sagen zu müssen.

„Frau Bunch, wo ist das Beil?"

„Es sollte alles sein wie vorher. Ich habe es sauber gemacht."

„Trug Ihr Mann ein Gebiss?"

„Ich hatte mir gewünscht, dass er ins Meer treibt. Die Fische sollten ihn auffressen, damit ich ihn nie wieder sehen muss."

Sie holte tief Luft, presste die Lippen aufeinander.

„Ich wusste, an den Zähnen …, man sollte ihn nicht wiedererkennen. Mit dem Beil, ganz klein, ganz klein habe ich die gehackt. Am Fenster stand ich, habe zugesehen, als die Müllmänner sie aufluden. Da war ich frei."

„Wer half Ihnen, den Toten zum Fluss zu bringen?"

„Es hat geregnet in der Nacht. Auf Vaters Blumenkarre, das ging ganz leicht. Gegenüber vom Tor habe ich ihn ins Wasser gekippt."

„Wo ist die Bekleidung, Frau Bunch?"

„Ich habe mich vor den Kamin gekniet", sie schaute nach dort, „die Flammenzungen verschlangen Stück für Stück."

Ich gab Arno ein stimmloses: „KT", für Kriminaltechnik. Er nickte.

Hannelore Bunch hatte die ganze Zeit über angespannt gesessen. Jetzt lehnte sie den Kopf zurück, die Hände glitten in den Schoß, ein Lächeln zog in ihr Gesicht. Ich dachte, jetzt hat sie ihren Frieden.

Der erste Blitz, Donnerrollen hinterher. Das Wetter stand direkt über mir.

Im Display der Armaturen schaute ich auf die Uhr. Noch fünf Minuten bis zu meinem Termin bei den Ermittlern der Enten. – Unser Scherzname für die Sparte der Schutzpolizei zu Wasser. Auf der Warnow und den angrenzenden Ufern galt ihre örtliche Zuständigkeit für Straftaten. Außerhalb der Häfen endete sie an Land nach zehn Metern. Auch wenn das Objekt dort einen direkten Bezug zum Fluss hatte, war dennoch die Kripo zuständig. Auf dem kleinen Dienstweg versuchten wir, die Maschen im unsichtbaren Zaun dieser Grenze erkenntnisdurchlässiger zu machen.

Trotz Schirm würde ich nicht trocken bleiben.

Komplizen

In Warnemünde stand ich inmitten der „Turmleuchter", schaute das Neujahrstag-Spektakel …

Unter der Vollen-Mond-Laterne
knallte Sternenregen
flammte glaskalt die Silhouetten …

Mit der Eins im neuen Jahrtausend – was würde dieses Anno bringen?

Das dachte ich seinerzeit, nachdem im Advent des alten Jahres Susan, Sweetie, wie er sie nannte, für ein anderes Feuerwerk gesorgt hatte. Der boulevardeske Blätterwald lärmte los in die besinnliche Zeit. Ein großes Blatt wagte kühn die Zeile: „Schlug die Enkelin der Banklady in Rostock zu?"

Die hatte 1965 in Hamburg allein eine Bank überfallen. Ihre Damenpistole richtete sie am Schalter auf das Gegenüber, während sie freundlich sagte: „Überfall. Würden Sie bitte das Geld einpacken?", und lächelnd einen Stoffbeutel über den Tresen schob. Mit ihrem Partner soll sie neunzehn Banküberfälle verübt haben, bevor beide zwei Jahre später gefasst wurden.

Am Tag des Auftritts von S. hatte ich an die Klinke meiner Bürotür das Schild *Vernehmung, bitte nicht stören!* gehängt.

Ulf steckte den Kopf herein, zwischen Bürotür und Angel.

„Dringend."

Eigentlich könnte ich mir die Anti-Störungs-Tafel auch sparen. Hatte ich in seinem Gesicht ein „P", wie Panik, gelesen?

„Entschuldigen Sie, wir müssen hier abbrechen. Ich schicke Ihnen das Protokoll zu. Die noch nicht besprochenen Fragen werde ich anfügen. Beantworten Sie die bitte handschriftlich", verabschiedete ich den Zeugen.

„Matthias, ein Überfall auf die Postbankfiliale in Lütten-Klein. Wir müssen unterstützen. Unser Bereitschaftsmann ist zu dem Handtaschenraub auf dem Weihnachtsmarkt im Einsatz. Du bist der Einzige, den ich noch greifen kann. Die Einsatzzentrale ist das Polizeirevier in der Möllner Straße. Einen Wagen habe ich dir schon organisiert." Ulf schaute auf seine Armbanduhr. „*Vorgestern.*" Er drückte mir die Fahrzeugpapiere in die Hand. „Melde dich von dort."

„Ich geb Gas, ich will Spaß …", imitierte ich den Song aus der Neuen Deutschen Welle, verdrehte dabei die Augen, holte tief Luft: „Klar doch, Chef."

Ulf legte mir die Hand auf die Schulter, grinste breit: „Fein."

Ich schaute ihm nach.

Die letzte Hauspost zum Schmunzeln war in meinem Kopf: „Warnung an alle Mitarbeiter! In unserer Organisation konnten bereits einige Terroristen identifiziert werden. Es handelt sich dabei um die Mitläufer Bin Da, Bin Spät, Bin Müde, Bin Rauchen. Ebenfalls ermittelt wurde Bin Pinkeln. Er wird als harmlos eingestuft und steht unter Quarantäne. Auch die äußerst gefährliche Bin Schwanger konnte dingfest gemacht werden. Nur der Topterrorist Bin Arbeiten ist, trotz intensiver Suche, bislang nicht festgestellt worden. Achtung! Bin Arbeiten verbreitet äußerst gefährliches Gedankengut. Er versucht sogar, die Gruppe um Bin Faul zu unterwandern und zur Abkehr von ihrem fundamentalen Unglauben zu bekehren. Dennoch: Bewahren Sie Ruhe! Es ist äußerst unwahrscheinlich, dass Bin Arbeiten sich bei uns festgesetzt hat."

Sich selbst und diesen Juice Shop, wie ich die Firma mitunter nannte, auf die Schippe zu nehmen, war immer noch das beste Rezept, wenn du was nicht ändern kannst.

Im Polizeirevier traf ich auf die Leiterin der VG (Verhandlungsgruppe).

Kennengelernt hatten wir uns auf einem Delegiertentag des Bundes Deutscher Kriminalbeamter (BDK). Groß gewachsen, stabil gebaut, kümmerte sie sich nicht um die grauen Striche im braunen, gescheitelten, schulterlangen Haar. Sie trug es am liebsten im Nacken mit einem Haargummi zusammengehalten, wie jetzt, einfach, natürlich, gleich ihrem Lächeln und mit der Bestimmtheit in ihren Worten und Gesten. Eine Kümmerin, der Integrationstyp, die Pferdenärrin.

„Ihr seid aber fix, Bianca."

„Wie der Zufall so spielt, Matthias. Ich war auf dem Rostocker Kreuz unterwegs, als mich der Anruf erreichte. Ein Mitglied meiner Mannschaft ist bei mir. Das sollte fürs Erste genügen."

„Das wären so meine Fragen gewesen."

„Scherzkeks. Ich soll dich in die Lage einweisen. Um es kurz zu machen, Ausgangspunkt ist der Notruf eines Bürgers. Der hätte an der verschlossenen Tür der Filiale gerüttelt, erst danach das Schild mit den geänderten Öffnungszeiten entdeckt. Was haben wir? Punkt eins: Durch die Glastür sah er eine Mitarbeiterin, die den Kundengang mit Warenständern zuschob. Die hätte ihn angestarrt, als wolle sie ihm etwas sagen. Auf dem Weg nach Hause habe ihm das keine Ruhe gelassen. Weil, er gehe abends oft noch eine Runde. Nie hätten die Ständer so gestanden. Punkt zwei: Es gibt noch eine Person, die er in der Filiale gesehen hat. Sein erster Gedanke sei gewesen: Heutzutage laufen manche junge Leute wie Verbrecher rum. Seine Beschreibung passt dazu: männlich, circa zwanzig Jahre alt, klein, schlank, dunkel gekleidet, Sonnenbrille. Wir gehen von dem oder einem der Täter aus."

Biancas Funke quakte. „Wir reden gleich weiter. Du wartest hier." Sie verschwand hinter der nächsten Tür. In den späten Neunzehnhundertneunzigern war Bianca aus Schleswig Holstein ins Land gekommen. – Aber eine, die plattdeutsch spricht, ist sie nicht.

Aus der Suche nach einem kleinen Pferdehof als Wohnung war am Ende ein Gutshof in der Nähe von Kröpelin geworden.

Mit ihrem Team, speziell in Gesprächsführung und Psychologie geschult, darauf trainiert, stand sie jedes Mal neu vor der Aufgabe, sich in die möglichen Handlungen des polizeilichen Gegenübers hineinzuversetzen. Nicht wie in den Medien und Kriminalfilmen präsentiert, Psychologen.

Sie hatten schon mit einem Busfahrer verhandelt, der einen Hubschrauber für sich verlangte.

Immer ging es, wie im jetzigen Fall auch, um psychische Ausnahmesituationen, in denen sich Menschen temporär befanden. Die Bewertung des VG-Führers diente dem Einsatzleiter als Grundlage seiner Entscheidung.

Bianca saß auf der einzigen hauptamtlichen Planstelle ihrer Einheit. Die Mitglieder leisteten diese Arbeit zusätzlich zu ihren Aufgaben in den Dienststellen. Und das im Zeitalter von weltweitem Terrorismus und wachsender Schwerstkriminalität. Durch die Verrichtung im Nebenamt verwehrte der Dienstherr den Beamten die Würdigung ihrer Leistung für das berufliche Fortkommen …

„Nicht aufregen, niemals wundern", drehte ich mich selbst wieder runter.

Noch bis 1971 war die Geiselnahme in Geldinstituten in Deutschland ein unbekanntes Delikt.

Erst die Geschehnisse bei den Olympischen Spielen in München hatten zur Gründung von Spezialkräften bei der Polizei, wie die der VG, geführt.

Bianca kam zurück.

„Wir wissen nicht mal, ob es einer oder mehrere Täter sind. Das ist im Moment der Vorteil auf der anderen Seite. Auch bei dem Gespräch eben nahmen der oder die nicht selber ab. Aufgrund der Stimmlage gehen wir von einem jungen Täter aus, kein Akzent, norddeutsche Aussprache. Man gibt uns noch eine halbe Stunde, die einzige Forderung, den freien Abzug, zu erfüllen. Zu den Geiseln erschöpfen sich unsere Erkenntnisse darin, dass sich drei Mitarbeiterinnen im Dienst befanden. Nach der Androhung von Gewalt durch eine Schussabgabe müssen wir eine scharfe Waffe annehmen. Der Bereich ist weiträumig abgeriegelt. Das SEK ist verständigt. Aber die sind noch nicht mal in der Luft. Unsere Hoffnung liegt im Moment darauf: Je länger der Geiselnehmer mit seinen Opfern zusammen ist, umso schwieriger wird es, ihnen etwas anzutun."

„Weil er sich dieser Beziehung nicht entziehen kann."

„So ist es. Meine Erfahrung sagt, das Risiko ist in einem solchen Fall am geringsten, dass Geiseln verletzt oder getötet werden. Es kommt jetzt darauf an, aktiv zuzuhören, wie wir das nennen. Vielleicht gelingt es uns noch, den Täter emotional einzufangen, ihm einen Weg aufzuzeigen und so eine Kurzschlusshandlung zu verhindern."

Ich wusste, die Taktik des Vorgehens ist immer dieselbe. In der nächsten Stufe geht es um den Kopf des Täters. Er soll die Begrenztheit seiner Möglichkeiten selbst erkennen. Dafür wird der Täter unter den Druck gesetzt, die Informationen der Polizei verarbeiten zu müssen sowie mit Schwierigkeiten, die eingebaut wurden, umzugehen. So wird sein Stresspegel hochgehalten, um ihn in harten Verhandlungen weichzukochen. Danach die Etappe der Zermürbung mit dem Ziel, den Täter zur freiwilligen Aufgabe zu bewegen. Gefährlich kann es dann noch einmal werden, wenn der Täter die Nerven verliert.

Auf der Showbühne am Leuchtturm sang Puhdy Quaster die Hymne seiner Band Alt wie ein Baum.

Meine Gedanken hakten sich bei Susan, alias Sweetie, ein.

Sie saß auf der anderen Seite des Tisches im Vernehmerzimmer des Polizeireviers, exakt einen Meter vom Tisch entfernt, auf dem mittig davor platzierten Stuhl, Hände und Blick in ihrem Schoß, die Finger verschränkt, aufgestellt wie ein Schneegatter. In ihren Zügen lag bei aller Gespanntheit eine anziehende Harmonie. Zur schwarzen Outdoorjacke und -hose hätten statt gleichfarbiger Turnschuhe Schnürstiefel besser gepasst.

„Als mein Vater bei einem Verkehrsunfall starb, war ich elf." Ihre Stimme klang kontrolliert. Mit Würde hätte „Ma", wie S. ihre Mutter nannte, die Familie durchbringen wollen. Sie schichtete als Verkäuferin, trug in halber Nacht Werbung aus, doch ohne den Hauptverdiener blieb Schmalhans nicht nur Küchenmeister. Zunehmend habe sie sich auf S. – als die Älteste der fünf Kinder – gestützt.

„Ich ging nach der Hauptschule ab. Auf Lernen hatte ich keinen Bock mehr. Ich wusste nicht, was ich werden wollte. Meine Bewerbung für ein freiwilliges soziales Jahr in Afrika wurde abgelehnt. Da suchte ich mir Arbeit als Ungelernte bei einem Discounter. Ich liebe meine Geschwister, aber ich wollte endlich mein Leben, raus aus dem Zimmer, das ich mit meiner Schwester teilen musste."

Als sie auf der Disco den siebzehn Jahre älteren Norman kennengelernt hatte, habe sie sich schnell verliebt. Bald sei Susan bei ihm eingezogen.

„Er fährt sein eigenes Taxi, pflegt seinen Körper im Fitnessstudio und hört es gern, wenn ich ihn ‚meinen tiger' nenne. Englisch spreche ich das aus. Norman hat sich den Traum erfüllt, Mercedes zu fahren. Vierzehn, sechzehn Stunden täglich ist er auf Achse, obwohl mit dem Euro alles halbiert wurde, der teure Wagen gehört immer noch der Bank. Wir wollten zusammen die Welt sehen. Ich wünschte mir zu Weihnachten Paris. Da hatte er die Idee …"

Ich wollte S. keine Nachdenk-Pause lassen: „Wie sah denn der Plan aus?"

Sie blickte mich das erste Mal direkt an.

„Wir hatten uns geschworen: ‚Beide oder keiner.‘ Eigentlich sollte das Ding im Dunkeln laufen. Aber die ganze Woche vor Weihnachten machte die Post schon um 14 Uhr zu, wegen Krankheit, hat da gestanden. Tiger sagte, schwarz und nichts Auffälliges, damit sich niemand an etwas erinnern könne. Meine blonden Locken versteckte ich unter seiner Pudelmütze. Tigers Sonnenbrille und die Lederhandschuhe waren mir ein bisschen zu groß, aber die Brille verdeckte meine Augenbrauen, die Leute sollten ja denken, ich wäre ein Mann.“

Deshalb machte sie sich keine Gedanken über die Kameras. Die erste mit dieser Funktion wurde wahrscheinlich 1957 in einer Bank in den USA installiert. Damals noch versteckt. Sie wurde mit dem Alarmknopf ausgelöst. Die Räuber konnten identifiziert werden. Am nächsten Tag saßen sie hinter Gittern. In Deutschland wurde die Videoüberwachung in Kassen- und Schalterräumen erst seit den Banküberfällen der RAF Sicherheitsstandard.

„Fünf Minuten vorher bin ich rein. Ich tat so, als suchte ich in dem Regal mit den gelben Packsets nach der richtigen Größe. Dabei schielte ich auf die Uhr im Schalterraum. Punkt um steckte eine der Postfrauen den Schlüssel in die Tür. Sie ließ den letzten Kunden raus. Ich ging zum Eingang. In der rechten Hand hatte ich einen dieser zusammengefalteten Paketkartons. Dahinter versteckte ich Tigers Schreckschusspistole. Ich dachte daran, was er mit mir geübt hatte: ‚Lächel dir selber Mut zu.‘ Ich richtete die Pistole auf ihren Bauch. ‚Schließen Sie wieder zu. Das ist ein Überfall.‘ Ich verstellte meine Stimme, so tief ich konnte. Die anderen zwei hinterm Tresen bemerkten mich erst, als ich vor ihnen stand und rief: ‚Hände auf den Tisch. Das ist ein Überfall!‘ Der mit dem Schlüssel gab ich meinen Rucksack. ‚Alles Geld da rein! Schnell!‘ Bis dahin lief alles wie am Schnürchen. Dann klingelte das Telefon. Ehe ich reagieren konnte, ging sie ran und meldete sich: ‚Postbankfinanzcenter Lütten-Klein.‘ ‚Legen Sie auf!', rief ich. Sie reichte mir den Hörer. ‚Die Polizei, für Sie.' Durch die Scheiben vom Eingang blinkte blaues Licht. Ich verstand das nicht. Dann habe ich gebrüllt: ‚Freien Abzug, keine Bullen will ich sehen.' Ich schoss einmal in die Decke. Der riss ich den Hörer aus der Hand und schrie sie an: ‚Los, Einpacken!' Ich atmete paar Mal tief. Dabei pustete ich die Luft durch den Mund aus, so." S. spitzte die Lippen. „Tiger sagt, das hilft gegen Panik."

„Sie hätten jetzt aufgeben können."

„Ja. Nein. Es lief ab wie im Film. Die Gangster reden dort auch so mit der Polizei. Die mit dem Schlüssel, die war schon älter. Ich sah die Angst in ihren Augen."

Ich goss S. und mir Wasser ein.

„Und dann?"

„Danke."

Sie saß jetzt entspannt, die Hände auf den Oberschenkeln, den Plastikbecher in der Hand.

„Ich simste Tiger", mit dem Zeigefinger tippte S. sich in die rechte Handfläche, „‚Kuscheltier bekommen ungeliebte Freundin getroffen dauert noch.' ‚Gut gemacht am Treff', kam zurück. Das waren unsere Codeworte."

Hatte sie ihr Kinn etwas angehoben?

„Die Bullen, Entschuldigung, die Polizei, rief wieder an. Ich sagte der Älteren sie soll rangehen und laut wiederholen. Das glauben Sie nicht, Herr Kommissar, das glaube ich grad nich, habe ich gedacht, was die gesagt haben."

In ihren Augen las ich Verachtung, sie verzerrte die Worte hässlich: „‚Sie haben kein Vertrauen zu uns. Was kann ich tun, um Vertrauen aufzubauen?'"

S. kam in Rage.

„Die dachten wohl, ich bin blöd!"

Nüchterner fuhr sie fort.

„Das Telefon klingelte noch mal. Die wollten mich verrückt-labern: ‚Wir kümmern uns um Ihre Forderung, dass Sie heil da rauskommen. Das kann aber nur der oberste Polizeiführer entscheiden. Haben Sie Geduld. Bitte lassen Sie die Geiseln frei. Das wäre ein gutes Zeichen.‘“

Ein überheblicher Zug spielte um ihre spitze Nase.

„Ganz ruhig habe ich denen in den Hörer gesagt: ‚Wenn Sie faul spielen wollen, dann knallt es richtig.‘ Tiger und ich hatten verabredet, wenn etwas schiefläuft, allein abhauen, keine Gei-seln, die Pistole vor die Tür werfen, dann lossprinten, auf einen Unbewaffneten dürfen die nicht schießen.“

S. hatte bei ihrer Aufzählung mit den Fingern gezählt. Wieder völlig beruhigt, schien sie einen Moment zu überlegen.

„Ma sagt bei so dummen Geschichten immer: ‚Da liegt der Hase im Pfeffer.‘“

S. schluckte, zog ihre Jacke aus und hängte sie über die Stuhllehne.

Der rosafarbene Pullover stand ihr.

„Ich hatte trotzdem Schiss, weil ich dachte, wenn die Polizei glaubt, ich habe eine scharfe Waffe, dann denkt sie auch, das ist vielleicht nur ein Trick. Ich musste ja nur über den Boulevard; ein Dreißig-Meter-Sprint bis zum Hausdurchgang bei der Apotheke; im Sport hatte ich immer eine Eins; die Mütze und meine Jacke in die große Plastiktasche werfen, die hatte ich unter meiner Ja-cke versteckt; auch den Rucksack rein, noch den Reißverschluss zu; auf der anderen Seite würde ich als Frau rausspazieren; am Taxistand zu Tiger einsteigen; abdüsen. ‚Einmal Hautevolee und zurück‘, hätte meine Ma gesagt. Waren Sie schon mal in Paris, Herr Kommissar?“

„Leider bin ich hier nicht der Talkmaster und Sie nicht mein Gast. Wie ging Ihr Plan denn weiter?“

„Die wollten doch ihre Leute abziehen. Ich habe extra noch zehn Minuten gewartet. Ja, ich hab's vermasselt.“

„Weshalb hatten Sie sich eine Postjacke übergezogen?"

„Ich dachte, jetzt können die nicht schießen."

„Liebe, als würdest du morgen sterben", holte mich die Stimme der Show in die Jetztzeit. Das Thema in diesem Jahr hieß Ewig …

In aller Zeit, immerdar unendlich in der Gegenwart
mein Augenblick wird Ewigkeit …

Norman, Heimkind, dann Jugendknast wegen Diebstählen. Die Filiale kannte er. Den Aushilfsjob dort hatte ihm seine Bewährungshelferin vermittelt.

Für dreiunddreißig sah er jünger aus, sportlich, muskulös, gepflegt, ein angenehmer Duft umwehte ihn.

Kein Wunder, dass sie sich in ihn verliebt hatte. Der konnte alles für sie sein, großer Bruder, Vaterersatz, Geliebter.

Das Bein angewinkelt, den Fuß auf das andere Knie gelegt, mit dem Hintern auf die Kante vorgerutscht, flegelte er lässig in der Rückenlehne des Stuhls. Seine Daumen in den Hosentaschen funktionierten als Hände-Henkel. – Beinahe hätte ich über mein Bildwort gegrinst.

„Einbrüche, Herr Kommissar, das kann ich gut … konnte. Ich wurde niemals nie erwischt."

War N. sich bewusst darüber, mit dieser mehrfachen Verneinung ein „Ja" zu sagen?

Jedenfalls verriet er damit das, was er selbst verdrängte, der Tiger, ihr Held. Gerade solche Details bedurften einer präzisen Dokumentation. Ich markierte die Passage im Protokoll als wörtliche Rede.

Wollte N. mit diesem Gangsterstreich den stillen Groll für erlittene Ganovenniederlagen stillen?

„Verraten hat man mich, verzinkt. Weil einer sich einen Vorteil erhoffte. Aber das verschaffte mir Anerkennung draußen, in meinem Umfeld, und im Knast."

Hatte N. mit dem Gaunerwort ein zweites Mal sein wahres Gesicht gezeigt?

Ich setzte es in Anführungszeichen.

„Danach arbeitete ich allein. Bald lohnte sich das nicht mehr. In den Geschäften und Gaststätten lagen höchstens noch einhundert Mark Wechselgeld. Aber das ist lange her. Die vom Amt haben mir die Ausbildung bezahlt. Seit zwei Jahren fahre ich mein eigenes Taxi. Das ist mein erster Banküberfall. Das kann ich schwören, Herr Kommissar. Für Sweetie, ich meine, Sie wissen, da würde ich fast alles tun. Eine Tat aus Liebe. Schreiben Sie das genau so auf.“

Die letzten beiden Sätze begleitete sein ausgestreckter rechter Arm. Zeigefinger und Kopf wippten im Rhythmus der gesprochenen Worte synchron, von unten nach oben.

„Außerhalb des Protokolls: Glückwunsch!“

N. glotzte mich blöd an. Meinem Blick hielt er nicht lange stand. Seine Sitzposition hatte er eisern durchgehalten, aber der Fuß auf dem Boden schaukelte nun den ganzen Kerl.

Also mit dieser Geschichte wollte er den Richter beeindrucken. Wer liebt, ist ein Anarchist? Wo war mir dieser Gedanke aufgefallen?

Bei Jürgen Werner, dem Sportreporter-Philosophen, in seinen alltäglichen Notizen.

Was N. und S. nicht gewusst hatten: Der Tresor war mit einer alternativen Zahlenkombination geöffnet worden. Die löste einen stillen Alarm aus. Der war im Revier fast zeitgleich mit dem Hinweis des Bürgers aufgelaufen.

N. – ein Ehrenwerter seiner „Zunft“, weil er, obwohl er das Gewimmel von grünen Uniformen sah, seine Komplizin nicht im Stich ließ?

Als S. verhaftet wurde, stellte er sich der Polizei.

„Mitgegangen, mitgefangen, Herr Kommissar.“

Waren es immer die gleichen Zustände, die Menschen in ihrer Verzweiflung zu solchen Taten trieben, Armut und Ausweglosigkeit?

In diesem Fall wohl mitnichten.

Laserfinger griffen in die Nacht …

Bianca hatte ich erst wieder getroffen, als US-Präsident dubbelju Bush auf seiner Reise zum G8-Gipfel nach St. Petersburg einen Zwischenstopp im Bundestagswahlkreis der Kanzlerin eingelegt hatte, im wilden Osten, mit Barbecue in einem Vorzeigedorf der ehemaligen DDR. Das verschaffte der extra für den Summit im darauf folgenden Sommer eingerichteten Besonderen Aufbauorganisation (BAO) eine Generalprobe. Ihr Name, Kavala, soll dem Polizeiführer auf einem Urlaub in Griechenland eingefallen sein. Wahrscheinlich erinnerte ihn die Weiße Stadt an der Ostsee an die am Golf von Thasos.

Die Zuständigkeit für die täglichen Dienstaufgaben oblag der sogenannten Allgemeinen Aufbauorganisation der Landespolizei (AAO). Aus ihren Reihen waren die Mitglieder der BAO rekrutiert worden. In den Gipfel-Tagen musste sie sich, für den bisher größten Polizeieinsatz im Land, mit zusätzlichem Personal aus anderen Bundesländern verstärken. All diese Kräfte waren mit dieser Aufgabe gebunden. Auch die Spezialeinheiten.

Hätte in der Zeit solcher Einsätze eine Lage, wie dieser Banküberfall, etwa das Nehmen von Geiseln an einer Schule oder ein terroristischer Anschlag, die Polizei mit ihrer überdehnten Personaldecke auf dem falschen Fuß erwischt?

„Liebe ist ein Zipfel vom Paradies", sagte meine Freundin Engelchen, dicht an meinem Ohr. Ich gab ihr einen langen Kuss. Am Turm leuchtete die 2018 auf.

Sünde

Vom Polizeigebäude in der Blücherstraße ging ich in den Feierabend.

Die letzten Stunden hatte ich zwischen Aktenstapeln und dem Computer verbracht.

Es tat gut, jetzt die Frühlingssonne zu tanken. Als ich an der Straßenkreuzung am Steintor auf das Grün der Ampel wartete, sah ich auf der Straßenseite gegenüber die Linie 4 von der Haltestelle abfahren.

Heutzutage verband ihre Trasse die Stadt vom Süd-Osten bis in den Nord-Westen.

Ich hatte noch die alte Streckenführung kennengelernt. Zu jener Zeit befand sich die Haltestelle auf meiner Seite der Straße. Über eine Weiche war der Triebwagen an das andere Ende seines Anhängers rangiert worden, damit der Zug die eingleisige Strecke wieder zurück über den alten Markt, den Dierkower Damm, an der Nervenklinik Gehlsheim vorbei bis nach Gehlsdorf rumpeln konnte. In den abschüssigen Abschnitten der östlichen Altstadt musste der Schaffner am Wagenzugende die Bremse andrehen, damit der Anhänger nicht aus den Schienen sprang. Am Endpunkt in Gehlsdorf fuhr der Bus zum Überseehafen ab.

Auf der flachen Kühlerschnauze hatte das viereckige Schild mit den vier Buchstaben „IFA" jedes Mal blinkerblank geleuchtet.

Den Omnibus benutzten, bis auf die wenigen Leute, die in den Dörfern an der Strecke wohnten, nur Seefahrer. Die Hafenarbeiter kamen mit der S-Bahn zur Schicht oder mit dem Werksverkehr. Busse sammelten sie im Nordwesten zur Fähre ein, in Schmarl über die Warnow, und auf der anderen Seite auf dieselbe Tour bis ans Hafentor.

Als Mariner hätte ich die Wahl der Eisenbahn gehabt, nur kam die nicht in Frage, wegen des „Lindenhofs". Von der Endstation der Straßenbahn in Gehlsdorf nur ein paar Mal ausspucken, schon war man da.

In der Dampfbäckerei, auf der anderen Straßenseite von dem Tanzlokal, gab es das beste Weißbrot der Stadt.

Unter den Seeleuten hieß die Spelunke nur Dicker Pisser. – Bis heute konnte mir das keiner erklären, wie es zu diesem Namen kam.

Hier trafen sich die Fahrensleute, auf ein letztes Bier an Land, mit einer Träne des Abschieds noch im Knopfloch. Bei manchem war es nicht nur eine. Als frischgebackener Vollmatrose hatte ich mal unseren Vierten Nautischen Offizier und seinen Abschiedskummer ab- und an Bord geschleppt.

Die Ampel sprang auf „Darfst gehen".

Auf der anderen Seite befand sich unter den Wartenden an der Haltestelle eine Nonne. Ich wusste, dass in der katholischen Pfarrei der Christuskirche am Rande des Lindenparks Ordensschwestern lebten.

Zarah Leanders Zeilen legten sich auf meine Lippen: „Kann denn Liebe Sünde sein … wenn man einmal alles ihm schenkt, vor Glück?" Beinahe hätte ich laut gesungen und im Rhythmus der Melodie die Füße bewegt.

Ein Windstoß wirbelte losen Sand auf, wehte ihn die Straße hinunter … trug meine Gedanken in die Erinnerung an Sybille P.

In der Zeit der deutschen Vereinigung hatten ihre Eltern sich den Traum von der eigenen Scholle für 'n Appel und 'n Ei erfüllt. Aus dem katholischen Bayern zogen sie mit ihr ins Protestantische, von einem Gutshof auf eine verlassene Klitsche bei Rostock. Damals war P. zwölf. Sechs Jahre später hatte sie mir unter Tränen berichtet: „Ich bin das ungewollte Nachzüglerkind."

Ihre Brüder seien längst flügge und ausgeflogen. Sie hätte gern Geschwister gehabt, mit denen sie spielen konnte, so hatte P. nur Onkel. Schon in der Wirtschaft der Großeltern, und dann des Ältesten der Brüder ihres Vaters, hätten die, und auch sie, mitschuften müssen. Keiner der Jungs sei geblieben, ließen sich vom Leben in alle Winde verwehen.

„Vielleicht, wenn ich mich für die Plackerei der Eltern begeistert hätte? Etwas Liebe …"

Hastig änderte P. das Thema.

„Selbstversorger sein, das war die Idee der Eltern. Sie schinderten jetzt für sich, aber ich?"

Die Mutter arbeite in der Saison zusätzlich als Erntehelferin, dort, wo Hände gebraucht wurden. Der Vater fahre im Winterhalbjahr bei der Straßenmeisterei ein Streu- und Räumfahrzeug. Seit ihrer Ausbildung lebte P. in einem Zimmer unter dem Dach des Pflegeheimes, in dem sie arbeitete.

„Mir gefiel das, mit den Menschen umzugehen. Manche waren im Alter meiner Eltern. Aber sie waren ganz anders, freundlich, nicht maulfaul, sagt man, glaube ich, hier oben, und nicht so unzufrieden. Dann lernte ich Dirk kennen. Wir arbeiteten in derselben Schicht. Er war ein Lehrjahr über mir. Und es war, als ob mein Leben erst jetzt begann. Ich verliebte mich Hals über Kopf in ihn. Meine erste Liebe. Ich fühlte sie unsterblich. Als ich wusste, dass ich schwanger bin, habe ich es ihm freudestrahlend gesagt. Seine Reaktion war dann wie ein Schlag vor den Kopf: ‚Ich will noch keine Kinder. Ich will erst mal Karriere machen.' Er warf mich weg wie ein Spielzeug, mit dem er keinen Spaß mehr haben konnte. Ein Dummchen war ich. Allmählich kam nämlich raus, dass er noch andere hatte. Mit wem sollte ich über alles das reden? Ich wusste nicht, ob ich dieses Leben meinem Kind ersparen wollte. Es würde mich immer an ihn erinnern."

Ihr unbewusster Widerstand gegen die aufgezwungene Rolle? Wie die Mutter wolle sie nicht leben, ohne Liebe zu ihrem Kind. Die ihre, große, einzige war tot. Sie fühle, dass sie nie wieder so vertrauen könne. Hass hätte die Leerstelle in ihrem Herzen gefüllt.

Ich entschloss mich, meinen Gedanken Schritte zu geben, überquerte die Steinstraße in den Rosengarten. Die Reihe der Linden lenkte mich Richtung Wallanlage.

Was ist Sünde?

Wenn sie im christlichen Sinn der unvollkommene Zustand des von Gott getrennten Menschen ist, dann beginnt jede Sündentat mit dem bösen Gedanken, als Folge der Grundsünde dieser Trennung. Demnach sind Sünder nicht nur für die Übertretungen, sondern auch für ihre Folgen schuldbeladen. Bestimmt diese Denkweise das Leben, dann macht sie Menschen zu Sklaven ihrer Leidenschaften.

Puh, als Atheist bürdete ich mir diese Last nicht auf. Und auch in diesem Mordfall spielte eine solche Sichtweise, dem Herrn sei's gedankt, keine Rolle. Im umgangssprachlichen Sinn der Sünde blieb die von P. begangene Tat eine als falsch anzusehende Handlung.

Pilzsammler hatten die Reste eines Neugeborenen am Rande der Rostocker Heide gefunden.

Neonatizid, die Tötung eines Kindes innerhalb von vierundzwanzig Stunden nach seiner Geburt.

Dieser Anfangsverdacht hatte sich nach der forensischen Untersuchung bestätigt, und, dass es lebensfähig gewesen sei.

Kriminologen nehmen an, dass zwei bis zehn Prozent aller Fälle, die als „Plötzlicher Kindstod" registriert werden, vertuschte Kindstötungen sind.

Statistisch sterben zwei Drittel dieser Kinder durch die Hand ihrer Mutter. Sie sieht in ihm nur die verlorene Liebe. In der Verzweiflung will, ja muss sie regelrecht diesen Schmerz loswerden, die Frucht in ihr, als seine stetige Ursache.

„Die Stimme des Herzens ist ausschlaggebend für die vernünftigen Entscheidungen."

Hatte der alte Herder trotzdem recht, wenn er das sagte?

Schiller kam in seinem Gedicht Die Kindsmörderin sogar zu dem Schluss, dass der wahre Mörder die Liebe sei.

Oder trägt der Treulose die Schuld?

War es eine Sünde, und – wenn ja – an wem?

Bei Schiller, in Goethes Faust, bis zu Brecht, war die Mitschuld der Väter in den Blick genommen worden. Vor der Zeit der Aufklärung war solches Tun von Frauen Teufelswerk. Dafür konnten sie lebendig eingegraben oder anders grausam zu Tode gebracht werden.

Das BKA hatte festgestellt, dass jährlich zwanzig bis dreißig Fälle der Kindstötung bekannt sind, und längst nicht alle Leichen Neugeborener werden entdeckt, wie auch immer man sie beiseitegeschafft hat.

Die Pforte in der Stadtmauer, Meter weiter die Rundung, der Stumpf eines Wehrturms, ich befand mich auf Höhe der ehemaligen Klosteranlage Zum Heiligen Kreuz.

Intuitiv musste ich die Hermannstraße überschritten und den Weg auf den Wall genommen haben, unter dem frischen Dach der Baumkronen.

Zum Fundort der Babyleiche hatte mich damals der Anruf des Kriminaldauerdienstes (KDD) aus meiner Rufbereitschaft in Marsch gesetzt. Als ich am Tatort eintraf, war dieser weiträumig mit Absperrband gesichert.

„Matthias, die Kriminaltechniker sind noch bei der Spurenarbeit", empfing mich der Teamführer des Dauerdienstes vor der Sperre. „Postmortaler Tierfraß, ein Fuchs oder Dachs."

„Danke, Jens."

„Es sieht so aus, als ob, ich gehe von einer Täterin aus, der Säugling bestattet wurde."

Jens reichte mir eine beschriftete Spurentüte.

„Ein Maskottchen mit Anhänger, 10 cm groß, vielleicht wurde der mal an einer Tasche getragen."

Der Teddy unter Plastefolie schien mich anzulächeln. Ein kalter Schauer lief mir den Rücken runter.

Aber: Wenn Jens … dann hatte die Mutter ihr Kind nicht einfach weggeworfen.

Schuf sie sich mit der Tat das „Fegefeuer", das sie eigentlich vermeiden wollte?

Wenn sie sich dem, was sie getan hatte, bewusst wird, kann sie das Erlebte verarbeiten?

„Jens, sie ist suizidgefährdet."

„Damit könntest du recht haben." Er boxte mir leicht gegen die Brust.

„Der Gerichtsmediziner sagt, vielleicht eine Woche. Fast in Sichtweite liegt das erste Gehöft. Unsere Befragung des älteren Ehepaares dort hat keinen Hinweis ergeben. Sobald ich die Protokolle fertig habe, hast du sie mit den Bildern auf dem Tisch."

Jens schaltete wieder das Diktiergerät ein und sprach seine Feststellungen auf Band.

Auch die Ermittlungen im weiteren Wahrnehmbarkeitsbereich hatten zu keiner Spur geführt.

Auf Vorschlag des Leiters der Morduntersuchungskommission ordnete das Amtsgericht eine DNA-Reihenuntersuchung gemäß § 81 StPO (Strafprozessordnung) von weiblichen Personen an, die ein Kind gebären können. Auch Teenager wurden nicht ausgeschlossen. Mit der für diese Maßnahme eingerichteten SOKO Teddy verstärkte sich die seit Bekanntwerden der Tat als „erweitert" arbeitende Mordkommission. Ausgehend vom Fundort der Leiche suchten die Mitglieder der SOKO jede Wohnung, jedes Gehöft in einem Radius von fünf Kilometern auf. Neben der Abnahme einer Speichelprobe erfragten sie den Bezug und Kontakt zu nicht – oder nicht mehr – hier wohnhaften weiblichen Personen, auch verglichen sie erforderlichenfalls die Daten mit der Meldekartei. Die Staatsanwaltschaft lobte eine

Belohnung von 5.000 Mark für Hinweise aus, die zur Ergreifung des Täters führen.

In Gedanken hatte ich „die Täter oder die Täterin" angefügt.

Mit beiden Aktionen sollte der Druck auf sie erhöht werden.

Auch P. hatte an dem Reihengentest teilgenommen. Die Kollegen verhafteten sie auf der Arbeit.

„Ich bin froh, dass es vorbei ist, Herr Kommissar."

Ich ließ sie reden.

„In der Schwangerschaft blieb ich schlank. Ich hatte nur Bauch, und der war klein. Das bisschen fiel unter den Sachen nicht auf. Ich ging ja über den Winter. Beschwerden, wie andere sie haben, hatte ich nicht. Manchmal glaubte ich, dass ich gar nicht schwanger war."

Die Mutter freute sich, wenn sie an den freien Wochenenden kam. Doch das Gefühl sei geblieben, nur ein nützliches oder weniger dienliches Ding zu sein.

„Ich mochte die Tiere, aber ich hatte sie nur als Last kennengelernt. Im Dorf gibt es ein Schloss. Ich träumte früher davon, die Prinzessin zu sein …"

P. hielt inne, ihr Blick wurde abwesend, sank nach links. Für Momente hing sie diesem Gedanken nach.

„Im Bad meiner Eltern hatte ich mir Wasser in die Wanne gelassen. Da ging es plötzlich los. Das Kind flutschte ganz leicht heraus. Ich hatte gehofft, lass es ein Mädchen sein, das aussieht wie ich. Aber es war ein Junge. Er hatte seine Züge. Diesen Anblick konnte ich nicht ertragen; alles kam wieder hoch; als er schrie, hörte ich seine Stimme, die Worte, mit denen er mich weggeworfen hatte; ich drückte es unter Wasser. Dann war nur Stille."

Lautlos rannen P. die Tränen. Sie machte keine Anstalten sie wegzuwischen.

„Ich habe alles sauber geputzt. Dann wickelte ich das Kleine in ein Badetuch. Auf meinem Zimmer habe ich das Bündel in den Rucksack gelegt."

Sie wolle eine Freundin besuchen, damit sei P. mit dem Rad vom Hof gefahren.

„Im Wald gab es eine dicke Eiche. Dort hatte ich früher oft gestanden, wenn ich mich traurig und einsam fühlte. Den Rücken und den Kopf lehnte ich an den Stamm, machte die Augen zu. Meine Hände spürten die Rinde. Ich konnte mich daran festhalten und sah meinen Traum von einer glücklichen Familie mit vielen Kindern."

P. schluchzte auf.

„Ich hätte mich gleich mit umbringen sollen. Ich wollte eine gute Mutter sein."

„Bitte, nehmen Sie." Ich reichte ihr ein Papiertaschentuch.

„Schöne, trockene Blätter habe ich gesammelt; ein weiches Bett für ihn gemacht; meinen Glücksbringer dazugelegt; mit Tannenzweigen beide zugedeckt."

Ich legte den Teddy in P.s Hände.

„In mir ist eine so tiefe Traurigkeit."

Vor Gericht hatte ihre Mutter ausgesagt: „Gesprochen wurde wenig. Über Intimes niemals. Wir sind da anders erzogen."

Sprachlosigkeit als begünstigender Faktor?

Eine blaue Libelle setzte sich vor mir auf den Weg. Ich suchte mir einen Platz auf einer der Bänke am Kröpeliner Tor.

In meiner Seefahrerzeit hatte ich andere „Sündenfälle" erlebt.

Auf meinem Zeitkonto häuften sich genügend freie Tage, dazu der Jahresurlaub, das reichte, um für die Dauer einer Reise abzumustern. Das Signum des Käpt'ns auf meinem Laufzettel, mit einem schönen Gruß vom Smutje für Anke – seine Ehefrau –, trabte ich in das Verwaltungsgebäude der Reederei. „Flottenbereich Asien-Amerika" und „Personalbearbeiter", standen an ihrer Tür.

„Hallo, Anke."

„Schlechte Nachrichten, Matthias, in Rotterdam hat die Besatzung gerade noch ein Unglück verhindern können. Aus Liebeskummer ist ein Matrose in den Mast geklettert und wollte sich von dort in den Tod stürzen. Ich würde dich gern hinschicken."

„Seekoller?"

Anke hob die Schultern und ließ sie wieder fallen.

Noch am Abend ging mein Flieger von Schönefeld.

Die Melancholie der Seefahrer, dieses Liebes-Lebens-Leid-Spiel, das kannte ich. Du ziehst die Karten: Abschied so schwer; Gleichförmigkeit der Tage; auf engem Raum leben; ewig dieselben Gesichter; schaust aufs Meer, siehst nur Wasser, tage-, wochenlang; getrennt von deinen Lieben leben, und wieder im Hafen kein Brief dabei; Inaktivität hat dich erfasst; unglücklich verliebt in die neue Stewardess. – Letztere hatte Rolf gezogen, den ich nach Hause holen sollte.

Ein Schiff am Horizont wird da zum Stimmungsaufheller.

Mischte Gevatter Alkohol das Spiel, ging es auch schlimmer, dann konntest du den schwarzen Peter zieh'n: erhängt aus Liebeskummer im Anker-Ketten-Kasten; zwei gehen mit ihren Arbeitsmessern aufeinander los, aus Rivalität um die Gunst einer Frau. Deshalb gab es auf See keine arbeitsfreien Tage. Wer nicht Wache ging, auf der Kommandobrücke oder im Maschinenraum, der arbeitete im Tagesdienst, in der Kombüse, im Stewardbereich, in des Bootsmanns Crew an Deck.

Hatte Goethe doch so weise geschrieben – ich hielt es heute aber auch mit den Klassikern:

„Tätig zu sein … ist des Menschen erste Bestimmung."

Irgendwo, irgendwann musst auch du „die Hosen runterlassen", dann war es gut, wenn man den Joker spielen konnte: ein starkes sogenanntes Hinterland; den Trumpf ziehen: Lesen als guter Vertreiber, nur noch das eigene Ich zu sehen; und noch ein Ass im Ärmel haben: die Greatest Hits von Neil Diamond.

Die dudelten auf meinem Kofferplattenspieler. – Den hatte ich
mir in Singapore gekauft.

Nicht jede Zeile der englischen Worte verstand ich, allein die
Musik war ein Angriff auf die Seele und heilte sie zugleich.

„Cracklin' Rosie, get on board … make me smile …"

Das war nur eines dieser Lieder. – Rosie kam an Bord und
brachte mich zum Lächeln.

Im Azur zog pink ein Gedankenschlüssel …

schwanengelassen
  stößt mein Pendel an …

Von dem französischen Psychiater und Philosophen Michel
Foucault stammte der Satz:

„Die Geste, die zum Töten ausholt, setzt endlich eine Sprache
frei, diese Sprache hat nichts zu sagen als das: ‚Ich spreche, jetzt
spreche ich.'"

Hatte er bei P. damit recht?

War auch dieses Grab ihre Sprache, ohne Worte, die sie kannte,
und die sie nicht kannte, die nun Wärme für sie hatte?

Dann würde sie nichts zurückwünschen müssen.

War Sybille P. am Ende ihre eigene Prophetin geworden?

Und Rolf?

Der hatte ein „mieses Blatt", mit dem Zug hatte ich ihn
zurückgebracht.

Auf unserer Bahnfahrt schüttete er mir nicht gerade sein Herz
aus. Aber hinter der nach außen getragenen Stärke hatte ich sein
„zu butterweich" erkennen können. Einmal war er mir noch
begegnet, als Hafenarbeiter. Ein Kerl wie ein Baum, so wie ich
ihn kannte. Nur das übliche Höflichkeitsgeplänkel, wie geht's,
wie steht's.

Jahre später stolperte ich über den Namen. Suizid, stand im Lagebericht der Polizei. In seiner Wohnung, in der Kröpeliner-Tor-Vorstadt, hatte er den Gashahn aufgedreht.

Jetzt möchte ich …

Am Meer sein
knöcheltief den Sand durchfurchen
von schwankenden Decks gewohnt, in breitem Schritt
steigen
über wellengesiebtes – von schaumigem Ansturm und gieriger
Flucht
quer, über walzende Gesellen
den einen aufheben, salzgewaschen, irden …

Schnurstracks ging ich – vorbei am im Klosterformat geziegelten Tor, entlang der Shopping Mall KTC, dem Kröpeliner Tor Center, vorüber an den springenden Wassern davor, auf den Stufen, die mich hinabführten zur Haltestelle der Bahn. Noch einen Blick hinüber, wo Hafen und Fluss lagen.

LESETIPP!

Kai Horstmann
Tod im AKW

336 Seiten
13,5 x 20,5 cm
Softcover mit Klappen
ISBN 978-3-946732-01-3
14,90 € (D)

Im schleswig-holsteinischen Brunstorf wird Karsten Lecht, ein Mitarbeiter des Atomkraftwerkes Krümmel, umgebracht. Schnell wird der Sohn des Opfers verdächtigt, weil sich dieser, zusammen mit seiner Frau, klar als Atomkraftgegner zu erkennen gibt. In seiner Not meldet sich Thomas Lecht bei seinem Berliner Freund, dem Rechtsanwalt Falk Kramer. Dieser versucht mit Hilfe der beiden Journalisten Michael Stern und Anna Timm den Fall zu lösen.

Doch schon bald müssen sie erkennen, dass der Fall sich nicht nur als schwierig sondern auch als gefährlich erweist. Ein weiterer Mord zeigt ihnen, wie ernst es die Täter meinen. Fragwürdige Indizien führen die drei in die Masuren. Sie entdecken, dass das Mordopfer ein dunkles Geheimnis in sich trug. Sie stoßen auf kriminelle Machenschaften einer skrupellosen Allianz, in die auch ein Polizist mit verstrickt ist. Und plötzlich sind die drei selber in Lebensgefahr...

Günter Rohwedel
Vertuscht

208 Seiten
13,5 x 20,5 cm
Softcover mit Klappen
ISBN: 978-3-946732-98-3
14,90 € (D)

Am Grab ihrer Tochter hatte sich die Mutter geschworen, so lange zu forschen, bis die Wahrheit über deren Tod ans Licht gekommen sein würde.

Letztendlich hatte sie aber erkennen müssen, dass dieses ein aussichtsloser Kampf war. Seit Jahren nagen nun die Ungewissheit und die vielen unbeantworteten Fragen an ihrer Seele und machen ihr Leben unerträglich.

Dieser Zustand ist schmerzlich, denn immer und überall begleiten sie die Gedanken, was mit ihrer Tochter geschehen sein mag. Doch nicht nur sie, sondern auch ein*e Tote*r selbst hat ein Recht. Ein Recht darauf, dass die Ursache ihres/seines Todes ermittelt wird. Das umso mehr, wenn keine Hinweise oder Anzeichen für einen Suizid erkennbar sind. Dann bleibt nur ein Unfall, ein Fremdverschulden oder gar eine vorsätzliche Fremdeinwirkung, ein Verbrechen als wahrscheinlich. Das eindeutig festzustellen, hätte in einem Fall wie dem auf wahren Tatsachen beruhenden von Maria L. Ziel einer kriminalistischen Ermittlung sein können und müssen …